アニョハセヨ韓国　前田エマ

PROLOGUE

　2023 年、半年ほど韓国に留学しました。30 歳を過ぎていました。

　私が韓国という国に惹かれ始めたのは 2020 年。この年は映画『パラサイト』のカンヌ・パルムドール受賞をはじめ、ドラマ『愛の不時着』『梨泰院クラス』のヒット、ボーイズグループ・BTS の楽曲『Dynamite』が米ビルボードで 1 位の快挙と、韓国のエンターテインメントが世界に力を見せつけた記念すべき年でした。日本には「第 4 次韓流ブーム」が訪れ、ミーハーな私は気付けばそれに乗っていました。寝ても覚めても韓国のカルチャーに夢中になり、いつの間にか言葉も勉強し始め、今までちっとも興味のなかった歴史や社会問題にも関心を抱くようになりました。隣の国を知ることは、想像以上にたくさんの扉を開くことだったのです。そして好奇心はどんどん膨らみ続け、いてもたってもいられなくなり、韓国で少し生活してみることにしました。

　この本では、私が留学中に出会った人々について書いています。

　食、アート、音楽、映画、ファッション、古道具や骨董品まで、様々な仕事をする人たちが登場します。自分でお店を始めた人、家族の仕事を受け継ぐ人、海外で学んだ経験を活かして新しいことをしようとする人。年配の方から若者まで、色々な方に人生のお話をお聞きしました。そのどれもがきらきらしていて、パワーに溢れ、多くの気付きをもらいました。

　韓国と日本は政治的には難しいことも多いですが、隣の国だからこその繋がりが昔からたくさんあります。ひとりひとりの顔を、言葉を、夢を知ることが、ちょっぴり良い未来へと私たちを運んでくれる。私はそう信じています。

　韓国へ何度も訪れている人、行ってみたいと思っている人、そして行きたいけれど行けない人にも楽しんでもらえるような本になっていたらいいなと思います。

CONTENTS

MEET
PEOPLE
AND
CULTURE

お店やアトリエへおじゃまして、お話を伺った。
食、アート、骨董、工芸、タトゥー、香り、文房具……。
ひとりひとり、それぞれの仕事に情熱を持って向き合っている。
会いにいきたい人たちが、ここにいる。

香美堂 ヒャンミダン
향미당

骨董品や古道具を見たいのなら

　骨董品や古道具を見たいのなら踏十里（タプシムニ）だと、ソウルの人たちは口を揃える。踏十里駅からすぐのビル「踏十里古美術商街」には、長い廊下の奥の方までずらっと店が並んでいるだけでなく、籠、盆、壺、仏像、絵画や書など、様々な品物が店の外まで溢れている。最初こそ独特の雰囲気に圧倒されたが、一旦店に入ってしまえば気さくに話しかけてくれる店主たちにほっとする。

　なかでも何度も訪れたのが〈ヒャンミダン〉だ。店主のチェ・チュンヒさんの明るく可愛らしい人柄も、また来たいと思う理由のひとつ。そして、ここでは日常で使いたいと思える物が良心的な値段で買えるのが本当に嬉しい。

　例えば、韓国のスプーン「スッカラ」は、想像していたよりもとても使いやすく、柄が長いので料理の際も重宝するし、ひとつあるだけで食卓がおしゃれに見える。形も大きさも色々なので、迷いながら選んだ。

　「ポジャギ」と呼ばれる風呂敷のように物を包む布。そのなかでもハギレを縫い合わせて一枚の布に仕立てた「チョガッポ」がたくさん揃う。チョガッポは布を無駄にしない知恵でもあるが、ひと針ひと針、真心を込めて幸福を願うといった意味も込められている。私はカーテンのように窓辺に飾ろうと、白色のポジャギを買った。

　ポジャギを通すと光が柔らかくなり、穏やかな空間を作ってくれるような気がする。田んぼのような、地図のような縫い目を見ていると、飛行機から地上を見下ろしているような、豊かな旅をしているみたいな気持ちになっていく。「これは、北朝鮮で作られたポジャギなのよ」と、チュンヒさん。人件費が安いため、韓国には北朝鮮で作られた工芸品が、中国を経由してたくさん入っ

てくるそうだ。私は留学中にポジャギ作りを習ったが、30センチ四方のものを作るのに1か月もかかった。

　他にも、テーブル代わりにもなるソバン（脚付きのお盆）や白磁、縁起物である木彫りの雁の置物など、あれもこれも欲しくなってしまう。

　「日本のお客さんは組み合わせるのが上手。私たちが思いつきもしないような使い方をしてくれるからおもしろいの」

　1986年から毎日店に立つチュンヒさん。パートナーは白磁なども手がける有名な陶芸家だ。

　「彼は古い物の修理をしていた経験もある。物を見極める目を持つ人が隣にいる安心感も、店を始めるきっかけとなりました」。様々な時代の中で大切に守られてきた伝統的な生活道具に自分の手で触れ、生活に持ち帰ることのできる嬉しさを、ここでは感じられる。

住所：map E
동대문구 고미술로 21 고미술상가2동 155호
東大門区古美術路 21 古美術商店街2洞 155号

小さな布たちを縫い合わせて一枚の布に仕立てたポジャギ。

도화 갤러리

갤러리

도화

도화 갤러리

한국미술품
고가매입합니

7043

로빈家
BINGA

대덕당
010-8895-8232

라온 디앤틱
011-6336-0764

ギュバンドガム

규방도감

繊細な刺繍の世界

2023 年の留学中、朝鮮王朝時代の婚礼衣装が国立古宮博物館で展示されていたので観にいった。アメリカの博物館の所蔵品を、BTS のリーダー・RM さんの寄付によって修復、復元したものだった。

実物の衣装の他、染めや箔などの作業工程を映像で観ることができた。そのなかでも私がとんでもなく感動したのは刺繍の技術だった。細やかな針の運び、糸の膨らみで魅せる絶妙な立体感、糸の色を変えながら生み出されるなだらかなグラデーション。圧巻だった。

〈ギュバンドガム〉は、布団、枕、ポジャギ（風呂敷のような物を包む布）など、布物の生活用品を得意とする店だ。思わず笑顔になってしまうような、かわいらしい刺繍にファンが多い。

韓国の伝統的な家屋「韓屋」が並ぶ北村（プクチョン）の住宅街。その一角にあるのが〈ギュバンドガム〉だ。立派な韓屋に足を踏み入れると、中庭にはキムチや酒、味噌や醤油を保管する壺が並び、茄子や唐辛子が天日干しされていた。

出迎えてくれたのは刺繍上手なウ・ヨンミさん。雪中梅の花のお茶を淹れ、私たちを歓迎してくれた。店の奥では息子であるイ・ゴンウさんが縫い物をしている。

「息子も職人で、大学ではファッションを学んでいたので、今はふたりで相談しながらデザインをすることもあります。この店の近くに、息子の店もできました」

「新しく始めたのは昼と夜にオープンする予約制のレストランです。なので、今私たちがいるこちらの店では、母が刺繍を続けながら、ちょっとした食べ物を出す店にする予定です」

まず見せてもらったのは、子ども用の小さな布団。2023 年の干支であるウサギが、何匹も刺繍されている。よく見ると同じウサギでもそれぞれ違った刺繍で表現されていた。

「韓国では生まれて最初に寝る布団に、生まれ年の干支を刺繍する文化があります。今年は賢い子に育つようにと、本をデザインに取り入れました」

韓国では贈り物を包むときに、今でもポジャギが使われる。結び目が花やリボンの形をした凝ったものもある。

「ポジャギには意味が込められているんです。必ずやらなきゃいけないことではないけれど、心を伝える大切な文化。全部を優しく包み込むという心です」

デザインを一から相談して作るオーダーメイドの寝具がメインだが、クッションやハンカチ、子ども用の前掛けなどはお土産にしても素敵だ。刺繍されているモチーフも韓国の伝統的な図柄から、花や動物など身近なものまで様々。竹籠やお盆などの工芸品も揃っている。

住所：map A
종로구 북촌로1길 24-4
鍾路区北村路 1 キル 24-4
HP または SNS：Instagram @kyubangdogam

張紙房　チャンジバン

장지방

韓国の紙「韓紙」に触れる

韓紙（ハンシ）は、朝鮮半島で独自の進化を遂げた紙だ。

その伝統を守り続けてきたチャンさん一族の店〈張紙房〉を訪れてまずびっくりしたのは、韓紙そのものの美しさだった。

まるで抽象画のような紙の模様。絶妙な色合い。ツルツルしたものからクシャッとしたもの、ゴツゴツしたものなど質感も様々。薄いもの、厚いもの、透け具合も楽しい。藍などを使って草木染めしたものもある。

韓紙は文字を書き留める役割だけでなく、昔はオンドル床（床暖房）や壁、天井、家具などにも使用されていたそうだ。

現代でも色々な使い方で韓国の人々に愛されている。

例えば、この店の看板商品である漆を染み込ませた陰陽紙は、水に強い丈夫な紙だ。ランチョンマットやティーマットとしても使える。お菓子やお餅、果物などをのせてお茶請け皿のようにも活用できる。

大きなサイズのものはテーブルクロスとしても使えるが、かっこいい模様を活かして、ポスターのように飾るのもいいだろう。そういえばフォトグラファーの友人は、大きな韓紙に写真をプリントして展示していた。

ランプシェードとして韓紙を使用しているのをときどき見かける。韓紙を通して伝わる光は、とろんとしていてあたたかく、落ち着いた気分になる。洋服箪笥に敷くと、その独特な香りが虫除けの役割を果たすものもあるそうだ。

店ではレターセットやノートなど、手軽に使えるアイテムも扱っている。紙を重ね合わせて圧縮し分厚くしたものは、コースターにぴったりだ。

韓紙の原料は、日本の和紙と同じ楮（こうぞ）だ。韓国の楮は日本のものよりも繊維が長く粘りがある。伝統的な韓紙は、漉いた紙2枚を縦横交互に重ね合わせて1枚の紙にするので、とても丈夫だ。その分、作るのに手間がかかり長い時間を要する。現在4代目のチャン・ソンウさんは、重要無形文化財。伝統を大切にしながら新しいことにもどんどんチャレンジされる職人だ。

〈張紙房〉の周辺は、韓紙の店だけでなく、書芸（韓国の書道）や民画を扱うギャラリー、博物館、美術館も多いので是非散策してみてほしい。私は留学中、この近くで書芸を習っていたのだが、訪れるたびに発見のある街で楽しかった。

住所：map A
종로구 인사동11길 22
鐘路区仁寺洞 11 キル 22

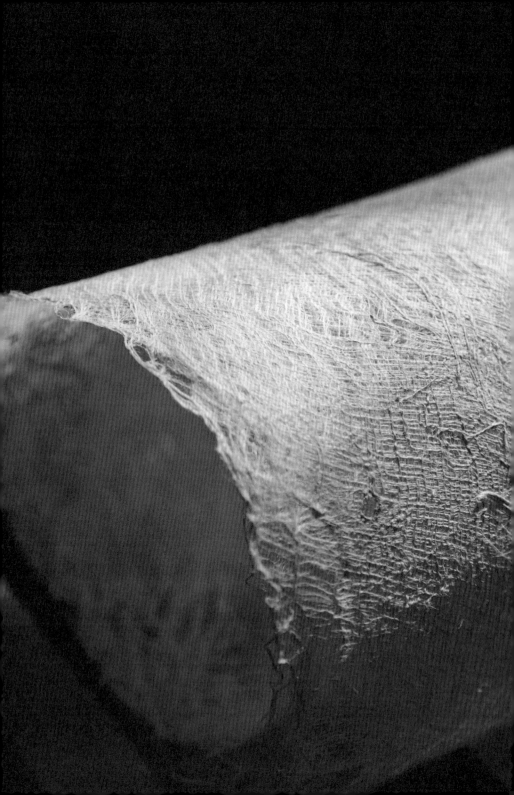

CONFERENCE HOUSE DALGAEBI タルゲビ
컨퍼런스하우스 달개비

食材の味を大切に作る宮廷料理

　本当にお恥ずかしいのだが、この国を訪れるまでの私の韓国料理に対するイメージは「辛くて豪快!」というとても貧相なものだった。なので、細かく切った野菜を美しく盛りつけた前菜や、時間をかけて煮込んだ深い味わいのスープなどに出合うと、その繊細さや手の込みように脱帽してばかりだった。

　世界的なアーティストや文化人も食事に訪れる〈タルゲビ〉は、韓国の宮廷料理を現代の人々に愛される形で届けようと奮闘するレストランだ。宮廷料理を作るうえで大切なこと。それは、いい素材を使うことと、真心を込めて飾らず丁寧な仕事をすることだという。大袈裟な味は長続きしない。淡白でいいから、いつまでも愛される味を追求する。

　ここの「梨の水キムチ」にはその真髄がぎゅっと詰まっているような気がする。水キムチとは唐辛子などを使わずに作るさっぱりとしたキムチだ。時間をかけて発酵させるため、手間がかかる。梨の瑞々しく美しい断面、真ん中にきちっと詰められた白菜、透き通った爽やかな汁。素材そのものが持つ甘さや食感、ジューシーさが、ゆっくりと丁寧に身体を満たしていく。

　今回私が頼んだのは、梨のキムチ、かぼちゃのおかゆ、海老や野菜のチヂミ、アワビの焼き物、韓牛カルビの炭火焼き、新鮮な野菜のサラダや果物など盛り沢山のコース。もちろんたくさんのバンチャン（おかず）や、口休めのお菓子も並んだ。

　国産の材料にこだわり、器やインテリアも韓国の作家のものを使う。店を切り盛りするハム・スンヒョさんは、いつお会いしてもきちんとした身なりでテキパキと仕事をするかっこいい女性だ。延世大学で外国人相手の仕事を5年ほど経験。その後、食堂を7年営み、〈タルゲビ〉を始めてからは15年が経つ。ふたりの子どもを育てながら、外国人留学生を迎え入れるゲストハウスもやっていたというから、パワフルさと好奇心に驚く。

　〈タルゲビ〉は新聞社や市庁舎、大使館、美術館などが集まるソウルの中心部にある。政治家から芸術家、旅行客まで様々なお客さんが、多い時は1日に600人も来るそうだ。2024年4月には、1階の入口にカフェをオープンした。

　「いつも本当に勉強しています。特に材料のことを大切に考えていて、常に情報を集めています。伝統料理の魅力を伝えたい、美味しい物を届けたい、その一心です」

住所：map A
중구 세종대로19길 16
中区世宗大路 19 キル 16
HP または SNS：http://dalgaebi.co.kr

24

今回注文した「マングンムルコース」が、〈タルゲビ〉のコースの中でちょうど真ん中のお値段。梨のキムチはマングンムルコースから上のものについてくる。

on 6.5　オン 6.5
온 6.5

キムチの多様性を伝統酒とともに

キムチは赤くて辛いもの。

そんなイメージを持っていた私は、韓国で暮らすなかで"辛いだけじゃない"キムチの奥深い世界に魅了されていった。「白キムチ」と呼ばれる唐辛子を使わないキムチや、汁まで飲み干す「水キムチ」。果物や海鮮を使ったものなど想像以上に種類が豊富で、この国の人々の食に対する情熱と知恵に感動した。

〈on6.5〉は、そんな朝鮮の宝である食文化・キムチを、新しいかたちで伝えていこうとする店だ。キムチはうまみ、酸味、辛味、甘味など色々な味わいを持っていて、そのままでも美味しいのはもちろん、料理にも使える万能食品だが、どうしても脇役として扱われることが多い。そんなキムチをメイン料理として楽しめる店を作るため、韓国ミシュランにも選ばれる高級韓国料理レストランで経験を積んだシェフを料理長に迎えた。彼はパリでフレンチを学んだこともあり、韓国料理という枠にとらわれない。カリフラワーやバジルなど西洋の食材もキムチにする。

「外国からのお客さまの口にも合う料理を提供したいし、せっかくなら韓国のお酒の魅力も知ってほしい」と、マッコリやソジュ（焼酎）以外の伝統酒も数多く揃えており、キムチ料理とのペアリングを提案している。

まずウェルカムドリンクとして出てきたのは、フルーツを使った色鮮やかなノンアルコールカクテル。今回頂いたのは、アワビの醤油漬けキムチ海苔巻き、キムチの天ぷら、鴨肉ステーキと梅キムチ。スペシャルな料理の数々に、わくわくが止まらない。食べてみると、どの料理も奇抜な味ではなく、どこか懐かしさを感じるようなやさしさがある。飽きがこない、爽やかな複雑さがきちんとあるのだ。

若手人気作家であるヨン・ホギョンさんのオリジナルの器も、一風変わった料理たちも、今までのレストランでは見たことがないようなユニークさで、次々と料理を頼みたくなってしまう。私は友人と食事をしに行ったとき、キムチやカルビを包んだ白菜包みや、白キムチとカルビの蒸し物などを注文したが、一口食べるごとに顔がふにゃふにゃと溶けていくかのような、幸せな料理たちだった。

店名の 6.5 は、キムチがよく浸かる温度からとって付けたという。店員さんたちが楽しそうに働く姿も心地いい。ぜひここで、キムチの多様性と出合ってほしい。

住所：map A
종로구 북촌로1길 28 1층
鍾路区北村路 1ギル 28 1階
HP または SNS：Instagram @on6.5_seoul

1. 白キムチ、キムチの汁と和えた海老、ニンニクの芽や唐辛子の漬物を、海苔で巻いて揚げたもの。カリフラワーのトンチミ（水キムチ）を使ったサワークリームを、モンブランさながらに上から絞るという斬新さ。2. アワビの醤油漬けキムチ、カリフラワーの水キムチ、熟成キムチが使用された海苔巻き。海藻のひとつ・カジメで作られた海苔（カムデ）の磯の香りがとてもいい。3. ローストした鴨肉の上に、玉ねぎのキムチが添えられ、サラダには梅のシロップに漬けたキノコのキムチが使われている。付け合わせのマッシュポテトも美味。4. お米や植物の根から作ったお酒は、淡白でありながら渋みがあり、肉料理に合う。月に 20 本しか作られないマッコリは、フルボディな中にも雰囲気がある。

ソチョンカラク

서촌가락

家庭料理をマッコリと

じゃがいもや海鮮のチヂミ、トトリムク（どんぐりのでんぷんを固めたもの）など、韓国ではいつもの食卓に並ぶ家庭料理たち。そんな飾らない韓国料理を、各地から取り寄せた種類豊富なマッコリと一緒に味わえるのが、ここ〈ソチョンカラク〉だ。

日本の「おふくろの味」に似たような言葉が、韓国では「手の味」だろうか。真心を込めて丁寧に作った料理を「手の味」と言う人もいるが、本来の意味は手を使ってこねたり混ぜたりした、いわゆる手で作った料理だと聞いた。同じ料理を作っても、作る人の手によって味が異なると信じられている。手から"気"のようなものが放出されている、そんな魔法にも似たイメージだろうか。

素朴でありながら、どこか華やかさを感じるこの店の「手の味」にはファンが多い。すべての料理をひとりで作るキム・ヒョンジュさんは、3人の息子を持つ母親だ。もともと放送作家として20年働いた。料理はお母様から教わった程度で、独学だという。息子たちが幼い頃から、韓国の伝統楽器「国楽器」を習っていて、毎月のように国楽博物館や老人ホーム、障害者施設などでの公演があった。ヒョンジュさんは集まりのたびに先生や仲間たちに料理を振るまっていたのだが、そこで多くの人から店をやったほうがいいと勧められた。

「おいしいものを食べるのも、作って人に食べさせるのも好き。料理上手とは言えないかもしれないけれど、人と会うのが好きなんです。だからまずは10年やってみようと思って。韓国ではいろんな人にご馳走すると徳が積めると言われているんです。3人の息子たちの為にも徳を積まないと！」

店を始めて7年が過ぎたが、店を開けなかったのは4日だけ。友人に不幸があった2日間と、次男と三男を軍隊に送り出した日だ。長男のパク・ダウルさんは、伝統楽器であるコムンゴの全国一位。バンド活動も行っており、伝統音楽を現代に繋ぐミュージシャンだ。

「末っ子がマッコリの修行をしているので、将来は店を継いでもらおうかと。それまではもう少し私が続けます。辞めたら世界旅行をして、それからもう一度小さな店のようなものをやりたい。息子たちの演奏会を時々できるような場所がいいなあ」

そう言いながら最近、近所にカフェもオープンした。

「ゲストハウスを営んでいたこともあります。マッコリの学校にも通ったし、刺繍や絵も習っている。いつかは文章も書いてみたい。仕事を色々と変えて生きていくのが、人生が私にくれた使命なのかもしれませんね」

住所：map A
종로구 자하문로7길 59
鍾路区ジャハムンロ7ギル 59
HP または SNS：Instagram @seochongarak_of_mogwon

マッコリは炭酸を含んだものから甘いもの、淡白なものまで様々。栗、ピーナッツ、オミジャ（朝鮮五味子の実）など、変わり種も是非飲んでみてほしい。

トンインソジュバン

통인소쥬방

マッコリの手作り体験ができる店

　大好きなマッコリを、いつか自分の手で作ってみたい。その夢がついに叶った。

　〈トンインソジュバン〉は 20 年以上にわたり、マッコリをはじめとする手作りの伝統酒を、料理と一緒に振る舞ってきた。この店ではマッコリの手作り体験もできる。

　作り方も材料も驚くほどシンプル。用意するのは、餅米、小麦麹、水の 3 つだけ。今回は「見映えも香りも良くなるから」と、店主のパク・チャウォンさんが菊の花も用意してくださった。

　まず、小麦麹と水をボウルに入れ 1 時間ほど置く。すると水に小麦麹の酵母が抽出されて白く濁る。そこに蒸して冷ました餅米を投入し、しばらくかき混ぜたら、甕に入れて 1 週間ほど発酵させる。この間、外の温度は 25 度前後に保ち、1 日に一度かき混ぜる。二酸化炭素が発生するので、爆発を防ぐために蓋は閉めず、ガーゼを被せて口の部分を紐で縛る。

　1 週間ほど経ったら、こし器でこす。餅米に水分がたっぷり含まれているので、ギュッギュッと押しながら絞り取る。瓶に移し替え、冷蔵庫など涼しいところで 3 日ほど寝かせたら、ちょうどいい飲み頃だ。

　チャウォンさんの素朴な料理は、透き通った味がする。余計なことはせず丁寧に作られていることがよくわかる。そして、お酒に合う。

　マッコリは、食物繊維も豊富。腸内環境を整え、免疫力向上にも良いとされている。日本でもマッコリを飲むことはできるが、その多くは加熱処理されたもの。本場で楽しむことができる生マッコリは、シュワシュワ感や、少し複雑な酸味が癖になる。アルコール度数は 6% くらい。お酒が苦手だったり、ソジュ（焼酎）の文化に慣れない日本の友人たちも、乳酸菌飲料のようなほどよい甘さと爽やかさに「飲むヨーグルトと、カルピスサワーを混ぜたような感じ」だと気に入っていた。

　値段は様々。日本円で 150 円くらいの安いものでも十分に美味しくて、私はよくコンビニ前のベンチでひとり飲んでいたが、せっかく韓国に来たのなら、飲食店の手作り生マッコリや、全国各地の名産マッコリを飲んでほしい。栗やピーナッツ、松の実、バナナ、桃、イチゴなどの変わり種もおもしろい。今回訪れたようなオーソドックスな店から、若者向けのマッコリバーまで楽しみ方は色々。お気に入りを見つけてほしい。

住所：map A
종로구 자하문로9길 3-4
鍾路区ジャハムンロ 9 ギル 3-4
HP または SNS：Instagram @tonginsojubang
※マッコリ作り体験は予約制

1994 SEOUL 1994 ソウル
1994서울

コース料理でいただく伝統菓子とお茶

韓国の伝統菓子とお茶を、コース料理でいただく店。その文句だけで胸が高鳴った。

店の名前〈1994 SEOUL〉は、店主であるイ・ミョンジェさんの生まれ年から取ったのかと尋ねると「それもありますが、両親が餅屋を始めた年でもあるからです」と返ってきた。

韓国では常日頃から餅をよく食べる。トッポッキやソトックなどの屋台料理から鍋料理まで、いろんな料理に餅が使われ、市場やスーパーでも餅菓子を売っているのをよく見かける。祝い事や引っ越し、季節の行事の際にも大事な役割を担っており、なくてはならない存在だ。

ミョンジェさんは幼い頃から忙しく働く両親の姿を見てきた。感謝する気持ちはあるものの、大変さや辛さもそばで感じてきたため、店を継ぐ気はなく、大学ではデザインを学んだ。大学時代、両親の営む餅屋の商品パッケージのデザインを手がける機会があった。それがきっかけとなり、食の世界へと興味が向き始める。

大学卒業後は韓食（韓国料理、朝鮮料理）を教える師匠のもとで5年間修行した。その月日の中で「餅に対するイメージを変えていきたい」と思うようになり「お茶と餅菓子をペアリングしながら楽しめる空間を作ろう」「季節を味わう菓子を出そう」と想像が広がっていった。

自分の店を作ることに決め、建物を建てるところから始めた。内装、インテリアなど全てにこだわり、自らショールームやギャラリーに足を運び、オープンまでに2年の歳月を費やした。3階建ての店舗の1階は菓子やお茶を購入できるショップ、2階はテーブル席や個室があるカジュアルな空間、3階はムーディーなカウンター席となっている。皿や茶器、盆などは、骨董品から、現代の韓国の作家のものまで様々だ。各階ごとに雰囲気が異なる空間も楽しい。

住所：map B
마포구 성미산로23안길 20-12 1,2,3층
麻浦区城美山路 23 アンギル 20-12 1,2,3 階
HP または SNS：Instagram @1994seoul.yeonnam

40

1. 栗のタシク（茶食）。お茶と一緒に楽しむ伝統的な菓子。栗を粉末にしたものを蜂蜜と混ぜ、型で成形する。
2. ソクタンピョン（惜呑餅）。「美味しくて飲み込むのが惜しい」という名がついた餅菓子。乾燥させた柿を粉末にし、米粉と混ぜ、生姜汁、シナモン、松の実の粉、栗などを入れて作った餅の上に、緑豆と塩で作った粉を重ねて蒸す。鼻から抜ける緑豆とシナモンの香り、柿の甘さ、栗のホクホク感が楽しい。3. ヤンミョッグァ（韓国の揚げクッキー）。韓国の伝統菓子（梅雀菓／ネジャッカ）を参考にして作ったもの。生姜を生地に練り込み、表面に松の実の粉をかけて作る。最初くちびるに触れた瞬間はふわっとするが、サクサクした食感。4. カムダンジャ（柿の団子）。口に入れた瞬間にとろける柔らかい特別な餅は、初めての食体験になるだろう。おはぎに似ているが、小豆の皮を全部剥いているから、まるで餡子が粉のようにサラサラ。5. ユジャダンジャ（柚子の団子）。弾力があり、ぐっぐっと、米を噛むような食感。6. チャプサルヤックァ（餅米の薬菓）。薬菓は最も有名な伝統菓子。油と蜂蜜などを小麦粉と混ぜた菓子だが、この店では餅米を使っている。そのためムチムチもちもちした食感になる。生姜を効かせた甘じょっぱい味。 7. スジョングァ（水正果）。伝統的な菓子のひとつで、スープを楽しむ。シナモンと生姜が効き、ピリッとした刺激や、苦味、引っ掛かるような喉越しも魅力。もともとは旧正月前の寒い時期に食べていたもの。季節により煮込む果物は変わる。今回は柿だったが、柚子や梨を使う時も。8. コプレ茶、文山包種茶、烏龍茶など、菓子に合う多種多様なお茶を提供する。

アルムダウン茶博物館 アルムダウン チャ パンムルグァン

아름다운 차 박물관

伝統茶とかき氷の店

日本から友人が遊びに来るとよく一緒に行ったのが、お茶専門のカフェであり、茶葉や茶器を販売する店でもある〈アルムダウン茶博物館〉だ。

ここでは韓国の伝統茶を楽しむことができる。伝統茶とひと口に言っても、茶葉を使ったものから花、果実、野菜を使ったものまで様々だ。

緑茶はすっきりとしていて飲みやすいし、菊、梅、木蓮、桜、桃などの花を使った花茶は、急須の中でふわっと花が開く様子を眺めているだけでも楽しい。

柚子と砂糖や蜂蜜を漬け込んだ柚子茶は、ほっと落ち着く甘さで、疲れた時に飲むと身体が喜ぶ。高麗人参をはじめとする健康茶、赤色が美しい朝鮮五味子の実を使ったオミジャ茶など、先人の知恵が詰まったお茶もたくさんある。

お餅やケーキ、クッキーなどのデザートも美味しい。中でも紅茶を使ったかき氷は、誰もがニマニマと笑顔になってしまう一品だと思う。淡い茶色をした氷の山は、潔いほどシンプル。その上にコンデンスミルクや、香ばしいクルミ、アーモンドなどのナッツ、大豆のふっくらとした食感をきちんと残した餡子を、自分の好きなタイミングでのせて自由に食べる。溶けてしまった氷をごくりと飲むと、それはまるでロイヤルミルクティー。最後の最後まで美味しい。

私がこの店を好きな理由のひとつは、気軽に立ち寄れるのに、贅沢なお茶の時間を謳歌できるからだ。韓国の伝統的な家屋「韓屋」の良さを残しながら改装された広々とした店内には、自然光が射し込み、とても気持ちがいい。

お母様が始められた店を引き継ぐ、キョン・ドンヒさんにお話を伺った。

「母はもともとファッションの仕事をしていて、海外によく行っていたんです。出張先でカフェに行くと、その国の特徴を大切にしているお店が多くて衝撃を受けたと聞きました。当時の韓国のカフェといえば、外国を真似したような店ばかりでした」

現代人にとっての癒しの空間になってほしいと、身体に負担をかけないお茶を扱おうと決めた。店の一角はギャラリースペースになっており、企画展の他、お母様の300を超える骨董品のコレクションの一部も見ることができる。

「店には色々な職業、年齢、国籍の方が訪れます。母が守ってきた雰囲気を大切にしながら、新しいことにも挑戦していきたいです」

ドンヒさんはアメリカ留学を経て、数年間広告代理店で働いた。その経験を活かして、これからどんな店になっていくのかとても楽しみだ。

住所：map A
종로구 인사동길 19-11
鍾路区仁寺洞キル 19-11
HP または SNS：http://www.tmuseum.co.kr/

雨乃日珈琲店
아메노히커피점

文化が混じり合う珈琲店

　ソウルには星の数ほどコーヒー店が存在する。いくつか行ってみて驚いたのは、若者とそうではない人たちとの棲み分けが非常にはっきりしていることだった。大型のチェーン店では様々な年齢の人たちが入り混じっているが、個人店でそんな店はあまり見たことがない。そう考えると、ここ〈雨乃日珈琲店〉は珍しい場所だと思う。私が初めて訪れたときは、30代くらいの男性がパソコンで作業をしていて、その隣の席では大学生に見える女性が本を読んでいた。しばらくすると常連客と思しき年配の男性がカウンター席に座り、そのすぐ後に50代くらいのマダムたちがやって来て穏やかな会が始まった。

　〈雨乃日珈琲店〉を営むのは、日本人の夫婦だ。雑誌や新聞などでライターとして活躍するだけでなく、翻訳家としての顔を持つ清水博之さんと、書家の池多亜沙子さん。

　博之さんはソウルの語学堂で韓国語を学び、その後この地で暮らしてみようと思ったとき、自然な流れでカフェを始めることにした。音楽とコーヒーを中心に人が集まる空間を。ここ弘大（ホンデ）はライブハウスも多く、音楽の街としても知られている。店では定期的に、交流のあるミュージシャンのライブが開催されている。

　店を始めた当初は、出身地である石川県金沢市とソウルとを行き来していた亜沙子さん。書の文化がある韓国での生活は想像しやすかったという。個展の開催、作品制作のほか、書を教える教室も開いている。

　店で出すプリンやチーズケーキなどのスイーツは、どちらがということはなく、ふたりが好きなものを相談しながら作っている。珈琲豆は、石川県の能登や韓国の南東部・蔚山（ウルサン）など交流のある店から取り寄せている。

　店の棚には、100年近く前のデッドストックの食器から、金沢の桐工芸のトレー、韓国の骨董、旅先で仕入れた雑貨、友人であるミュージシャンたちのCDやカセットテープなど、ふたりの審美眼を通し選ばれたものが並ぶ。

　2023年の秋、日本人の浮さんと韓国人のイ・ランさんのライブをここで観た。ふたりがお互いの言語を混ぜながら歌を唄い合った夜は、とてもあたたかく柔らかな空気で満ちていて、今でも目を瞑るとあの日の歌声とお客さんたちの表情を思い出せるくらいだ。私も留学生活の最後に、ここで朗読会をさせていただいた。韓国と日本の詩人の詩を朗読し、最後にギターを弾きながら韓国語の曲をひとつ唄った。

　店が開いているのは週に4日。ここで過ごす時間が心地よいのは、ふたりが自分たちの感性に正直に向き合い、何が大切かを知っているからだと思う。お客さんの9割は韓国人だというが、日本から来る常連客も多い。

　ふたりが店を始めたのは2010年の11月。「どこもかしこも変わってしまっているけれど、ここだけは変わらないね」と言われることもあるそう。時の流れがものすごく速いソウルで長く続く理由が、通えば通うほど見えてくる。

住所：map B
마포구 동교동 184-12 101
麻浦区東橋洞 184-12 101号
HP または SNS：Instagram @amenohicoffee

ameno coffee
amenohi coffee
amenohi coffee
amenohi coffee
ame coffee
amenohi coffee
cof
amenohi

2020년 11월 12일,
아메노히 커피점은 10주년을 맞이합니다.
감사합니다.

アウォン工房　アウォンコンバン

아원공방

3世代が繋がるクラフトショップ

　オクスンおばあちゃんには7人の娘と1人の息子がいた。彼女がハングルを読み書きできるようになったのは60歳を過ぎてから。11人の家族を針仕事で食べさせるために必死に働いてきて、その歳でやっとハングル学院に通い始めることができたのだ。文字を学び始めてからは子どもたちひとりひとりに手紙を書き始め、70歳になると刺繍作品を作るようになる。

　84歳のとき、娘たちが彼女の個展を開いた。彼女が作った絵画や刺繍の作品のなかには、子どもたちの似顔絵や、ハングルで書かれた言葉も添えられた。個展会場となった〈アウォン工房〉は、6人の娘たちが1983年に始めた店だ。工芸作家である三女や六女の作品をはじめ、韓国の作家たちのアクセサリーや雑貨などが並び、ギャラリーとしての顔も持つ。

　〈アウォン工房〉はその後、3番目の娘ノ・イナさんが引き継ぎ、5年前からは彼女の息子と娘が受け継いだ。地下1階と地上3階、そして屋上もある立派な店だ。

　兄のアン・ジヨンさんは、小さな頃から絵を描いたり、ものを作ることが好きだった。工芸作家でもある母イナさんは、まだ幼い彼が描いた絵をモチーフにしてオブジェなどを作り、それらの作品を今も店で扱っている。ジヨンさんは大学時代、イギリスとイタリアでコンテンポラリーアートやジュエリーを勉強。その頃は母親と同じように、店をやりながらアーティスト活動をするとは思っていなかったという。彼が担当する3階は、お酒も提供するカフェで、彼の作品にも触れられる場所だ。カフェで出しているお菓子やジャムもジヨンさんの手作り。作品制作もここで行う。絵を描く姿をお客さんにも見てもらって楽しんでほしいのだそう。

「訪れたお客さんに、まごころで返したいのです」

　店の1階には4つ歳下の妹アン・ドヨンさんが立ち、様子を見に訪れた作家やお客さん相手に、お茶を飲みながら話に花を咲かせる。主に国内の作家のジュエリーや、母イナさんの作品を扱う。

　「私は作品を作ったりはしませんが、作家の方と相談しつつデザインに参加したりします。うちの店にはベテラン作家の作品も多いですが、新しい若手作家の発掘にも力を入れたい。才能が溢れ優れた感覚を持つ人たちがたくさんいますから。そして兄の作品ももっと増え、店の魅力になっていくと信じています。私はアメリカで学んだ経験を活かし、今後は海外のクラフトショーにも積極的に参加して、韓国の魅力を伝えたいです」

　日本の詩人・茨木のり子が1987年に書いたエッセイに〈アウォン工房〉が出てくる。

三人づれの奥さんたちが入ってきて、彫金の指輪やペンダントなど見て、お茶を飲んで、しばし談笑して帰ってゆく。

　この小さな一隅は、ソウルに来たらちょっと立ち寄って休んでゆきたい泉……といった雰囲気を漂わせているのだった。
『一本の茎の上に』茨木のり子（著）／筑摩書房より

　40年以上にわたり、家族が繋いできたその雰囲気は今も変わらずここにある。

住所：map A
종로구 북촌로5가길 3
鍾路区北村路5通り3
HP または SNS：Instagram @ahwoncraft

52

「田舎で生まれ育ったので、自然や動物が好きです。人間と動物がいいバランスで暮らしていける世界。
そんなコンセプトで作品を作ることが多いです」

Gallery LVS SINYONGSAN

ギャラリーエルビス新龍山店

갤러리 LVS 신용산점

韓国のアートにカジュアルに触れる

　韓国は今、アートの世界でも非常に注目を集める存在だ。2022年、国際的なアートフェア（※）「Frieze」（p.149）がアジアで初めてソウルで開かれた。2002年からスタートした「Kiaf SEOUL（Korea International Art Fair SEOUL）」（p.149）と同時開催だったことも相まって、世界中から熱い視線を浴びた。2023年に私が会場を訪れた際に驚いたのは、若者の多さだ。入場料は日本円で9000円ほどなので安いとは言えないが、皆が熱心に作品を観て写真を撮っていた。

　近年、世界の名だたるギャラリーがソウルにオープンしている。それには韓国の若手アーティストへの期待もあるが、存在感が増す韓国人コレクターへの熱い眼差しもある。その背景にはK-popアーティストや俳優たちが積極的にアートを購入し、SNSでシェアしていることも影響している。

　ソウルに専門性の違う3つのギャラリーを持つ〈Gallery LVS〉も「Kiaf SEOUL」の常連。〈Gallery LVS〉を運営するイ・ユジンさんに、この流れをどう思うのかについて尋ねた。彼女は私と同じ1992年生まれだ。

　「韓国は幼い頃から競争社会で完璧主義。アイドルたちを見ていてもわかると思いますが、アーティストも語学やマーケティング、プロデュースなど、総合的にできる人が増えています。韓国にはもともと手工芸の文化もあるし、デジタル方面での技術も長けています。そして欲や情熱がある人が多く、それはコレクターにも言えること。今後数年で韓国のアート界はもっと伸びていくでしょう」

　〈Gallery LVS〉はユジンさんのお母様が2008年に江南にオープン。ペインティング、コンテンポラリーやインスタレーションを中心に、国内外のアーティストの作品を展示してきた。続いてオープンした鍾路（チョンノ）にある〈LVS CRAFT〉は、朝鮮の白磁の魅力を伝えていくことに集中しつつ、ガラスや木工といった国内外の工芸作品も展示する。そして2023年にアモーレパシフィック本社ビルの中にオープンした〈Gallery LVS SINYONGSAN〉では、国内外の工芸作品を扱う。

　「ここSINYONGSANは、直接自分の目で見て手で触って感動でき、人々とアートのより親密な関係を感じられるような空間にしたいと思っています。3つのギャラリーに共通して言えるのは、作家ひとりひとりのストーリーをお客様に知ってもらうことを大切にしていることです」

　大学で彫刻を学んだ母と叔母、建築を専攻した弟と共に家族で経営している。ユジンさんはファインアートとジャーナリズムを学び、その後放送局で仕事をした。

　「韓国では若者とアートとの距離がどんどん近付いていると思っています。セミナーなどのイベントも企画していきたいですし、若手アーティストの支援にも力を入れたいです」

※アートフェアは様々なアート・ギャラリーが集まり、作品を展示販売する催し。

住所：map C
용산구 한강대로 100（아모레퍼시픽 본사 2층）
龍山区漢江大路100（アモーレパシフィック本社2階）
HP または SNS：Instagram @gallerylvs

Sayujib サユジブ
사유집

作家との関係を大切にする手工芸と古道具の店

〈サユジブ〉は、作家たちの作品と古道具を扱う店だ。店主のイ・ソヒさんは、小さな頃から小物を見たり集めたりするのが好きだった。大人になってからは、よく旅をするようになり、海外へ行くたびに色々な店を見て回るようになった。でも、好きなものを集めた店をやるという考えは、妄想しては消えていく、ぼんやりとした夢物語のようなものだった。しかし、デザイナーとして何年も働いているうちに仕事に疑問を持ち、辞めることにした。まずは旅に出て、それから新しい仕事を探してみようと決めた。

旅から帰ってきたある日、この場所を紹介され一目惚れした。大きな窓の向こうにそよぐ木々。その木漏れ日が店の中に降り注ぎ、きらきらとたゆたう。春には満開の桜が咲く。季節や時間、天気によって影の濃度が変わり、飽きることがない。この窓に似合う店をやろう。

店がオープンしたのは 2020 年の秋。コロナ禍で渡航が制限されていて、買い付けの旅に出たくてもそれが叶わなかった。そこでインターネットショッピングにかじりついた。アフリカやイギリス、日本などのウェブサイトをとにかくたくさん見た。

「コロナ禍じゃなかったら、自分の足で行ける範囲でしか探していなかったと思う。それが逆に良かったのかもしれません」

韓国の作家の作品が多いが、国で分けることなく、ソヒさんが純粋に好きなものを置いている。特に多いのは白磁や陶芸、ガラスの作品だ。

「私が交流している作家のなかには、もともと作品を作っていた人たちではない方々が、多くいらっしゃいます。何かきっかけがあり創作活動を始められて、過去の経験や、夢を作品に込めて表現されています。それを見ると、作品からその

ことが感じられるので感動します」

いいなと思う作家に自ら声をかけ、負担とならないように、可能な数だけ、大丈夫なときに制作をお願いするようにしている。

「それを心地よく思ってくれる方もいれば、長い間考え込んでしまう方もいらっしゃいます」

店ではきちんと手入れされた韓国の古道具も扱う。

「伝統的なものの魅力も伝えたい。昔から存在するものには物語があるし、同じ目的で作られたものでも、誰がいつ作ったのか、時代や場所によって魅力が変わっていきます」

ソヒさんは 3 年前から陶芸を習い始めた。店の中に、そっと自身が作った作品も忍ばせているそう。

「自分の趣味嗜好を反映させた作品が売れていくのは楽しい。作家になりたいわけではないけれど、これからも作り続けていきたいなと思っています。何よりも、自分の好きなものを人に伝えるのがこんなにも好きだということに、店をやってから気がついた。この気持ちをこれからも大切にしていきたいです」

PROFILE
イ・ソヒ
1987 年生まれ。デザイナーとして働いたのち独立。2020 年に〈サユジブ〉をオープン。韓国、日本などを中心に自身の心が動いた作品を買い付けている。韓国国内ではここでしか出合えない作品が多く、遠方から足を運ぶファンも。

住所：map B
마포구 성미산로29길 24 2층
麻浦区成美山路 29 ギル 24 2F
HP または SNS：Instagram @sayujib

日常餘百 イルサンヨベク
일상여백

生活者の視点を忘れない韓国陶芸ギャラリー

イルサンヨベク。

日本語に訳すと「日常の余白」。

本当にこの店にぴったりの名前だと思う。〈イルサンヨベク〉に並ぶ食器たちは、控えめな佇まいでありながらも、確実に私たちの生活を嬉しいものにしてくれる。日常の余白に自然と馴染み、日常の余白をそっと埋めてくれる。

〈イルサンヨベク〉へ行くとかなりの確率で日本人客が来店していて、知り合いにばったり遭遇することも多い。つまり韓国食器を使い慣れていない人にも、日常使いが想像しやすいということだ。白色の商品が多く、フォルムはとてもシンプル。

代表のハン・シニョンさんは、韓国の食器の魅力を「淡白さ・端麗さ・優雅さ」だと言う。

「商品を選ぶ際、完成度が満点であることは基本中の基本ですが、日常にすっと落とし込めるような使い勝手の良さを大切に考えています。そして日常使いするものですから、価格も重要。外国のお客さまがうちの店を気に入ってくれる理由のひとつも、価格が無条件に高くなく合理的であるところではないでしょうか。韓国の伝統美を持ちながらも現代的で高級感があるとおっしゃっていただくことも多いです。包装がきれいだと喜んでいただけるのも嬉しいことのひとつですね」

シニョンさんは梨花女子大学（※）で陶芸を専攻。その後アメリカに渡り24年間生活し、帰国。主婦として、コレクターとして、そして2人の子を持つ母親として過ごした経験が、今の〈イルサンヨベク〉の基礎だという。

店で扱う作家たちは、熟練したベテランから、新しくスタートしたばかりの新進気鋭の若手まで幅広い。工芸を専攻した経験者として、作家を理解しサポートすることができるとシニョンさんは考えている。

店では商品の陳列を定期的に変え、ひとつひとつの食器が持つ新たな魅力を提示。他にも月替わりの企画展を通して様々な作家の魅力を伝える。

また、〈イルサンヨベク〉のオリジナル食器の販売の他、料理やお茶などの専門家を招いてのワークショップも企画している。ここは、生活をより豊かなものにするためのアイディアを、人々に与える場にもなっている。生活者としての視点を決して忘れず、日常を愛することを伝える店なのだ。

※世界最大規模の女子大学。韓国の4大難関大学のひとつ。韓国では総合大学の中に、美術や工芸などを学ぶ学科が設置されていることが多い。

住所：map A
종로구 자하문로17길 12-15
鍾路区ジャハムンロ 17ギル 12-15
HP または SNS：Instagram @ilsangyeoback

herere ceramics ヒオリセラミックス

白磁の精神を受け継ぐ現代作家

　白磁の壺を見ていると、心が透き通っていくような感覚に包まれるのはどうしてだろう。つるっとした表面は少し冷たい印象なのに、その内側からぽんやりと白くやさしく発光しているみたいだ。早朝の白んだ空や、冬の静かな海面。そんな風景が心に浮かんでくる。

　〈herere ceramics〉のすべてをご自身で制作されているキム・ウンジさんは、白磁の魅力をどのように考えているのだろうか。

　「他の陶磁器と違う点が存在するというよりも、見る人によって異なる感情を抱くけれど、それでもみんなが共通して美的な偉大さを感じるということが、白磁の持つ特別さだと思います。有名な白磁の壺に『満月の壺』（※）と呼ばれるものがあります。その名の通り満月のような丸い形をした壺なのですが、その解説文を読んだことがあるんですね。そこには、白磁を見るという行為は、見る人々の心、あるいは感じる情により、美しさの世界が白い表面の上に無限に広がっていく。そうやって心の目で鑑賞すると、壺が大きな月に似ていると感じる。だから満月の壺と言わざるを得ないと書いてありました。満月の壺は、完全にきれいな丸ではなくて、滑らかな自然な丸みを帯びているんです。白磁には、そんな人間の手が感じられます」

　〈herere ceramics〉の作品の質感は色々。つるつるしたものから、土の手触りを感じられるようなものまで個性豊かだ。また同じ白色でも、降ったばかりの雪、卵の殻を思わせるものまで幅広い。

　「一番大切にしているのは土を知ることです。それぞれの特性ごとに表現できる作品のデザイン、性質、耐久性などが変わるので、作りたいものが思い浮かんだ時に、私が生み出したい美しい線を最も表現できる土を探せるかどうかが重要なのです」

　韓国では国を挙げて、白磁作家を育てることに力を入れていると聞く。高等学校や専門学校、総合大学で白磁を学ぶ学科もある。その中でウンジさんのような、伝統を大切にしながらも"現代らしい雰囲気"を持った作家が、ここ数年の間に多く誕生し、個性豊かな作品を発表している。

　「華やかで素敵な色味の陶磁器も好きなのですが、白磁に向き合った時は心が楽になり、まるで故郷に帰ってきたように感じます。意識しているわけではないのですが、自然と自分のアイデンティティを感じているのかもしれません。私はこれからも明日を楽しく、そして毎日を愛しながら制作を続け、10年、20年先も手元に置いて大切にしてもらえる作品を作りたいです」

※「満月の壺」は韓国語を直訳すると「月の壺」となるが、この本ではわかりやすさを優先し「満月の壺」と訳した。

PROFILE
キム・ウンジ

1990年生まれ。陶芸家。2020年より自身のブランド〈herere ceramics〉をスタート。韓国ならではの伝統的な白磁の器を中心に展開し、その美しく繊細な作品は、世界中から支持を得ている。

Shop herere
住所：map A
종로구 필운대로 31-1 2층
鍾路区弼雲大路 31-1 2階
HP または SNS：Instagram @hereceramics

Yeodong Yun　ユン・ヨドン
윤여동

センスに注目が集まる新進気鋭の金属造形アーティスト

スプーンやトレーなどの日用品から、人気ショップのショーウィンドウを飾る大きなオブジェまで、多様な作品を自らの手で作り上げるユン・ヨドンさん。

金属を加工し、自身の創作を追求する彼女の作品は、洗練されていながらも遊び心を忘れない。例えば、一番人気のワインクーラーの取っ手は、雨粒が繋がったような形をしている。バケツ部分の表面には小さな模様が刻まれており、光の反射でチカチカと輝く。スプーンなどのカトラリーは、まるでニョキニョキと成長する植物のようなデザイン。手作業ならではの絶妙なフォルムと繊細さがおもしろいバランスで共存する。

ヨドンさんはフランスの大学でオブジェデザインを専攻し、陶芸、木工、グラフィックなど幅広く学んだ。韓国に帰国してからは、ソウル大学大学院で金属工芸を勉強。最初はアクセサリーのデザインをやりたいと考えていたが、実用的に使えるものを作る楽しさに目覚め、今のようなスタイルになった。

昨年、ソウルで開かれた工芸フェアに出展した際は、新羅時代の王様の帽子からインスピレーションを得た作品を発表。丸いモチーフがゆらゆら揺れるオブジェ (p75) だ。

「韓国では手仕事ひとつひとつに願いを込めたり、色それぞれに意味があったり、陰陽を大切にしたりと独特の文化があります。そういったところからも学びを得ながら、西洋で学んだ経験も活かして、自由な発想で自分の心が気に入る作品を作り続けたいです。アート作品にもどんどんチャレンジしていきたいですね」

企業とのコラボレーションや、ギャラリーでの展示がひっきりなしに続く彼女の作品を、これからも楽しみにしたい。2024年4〜5月には、ザ・コンランショップ代官山店で展覧会も行われた。

今回訪れたのは、鍾路区（チョンノ区）にある彼女のアトリエ。作品はオンラインやイベントでの販売がメインだが、アポイントを取ればここで彼女の作品をアーカイブ的にいくつか見ることもできる。

まだ20代の彼女が個人アトリエを都心に構えるだなんてすごいなと感じたが、ソウルで生活するなかで私は何人もそんな人々と出会った。また、若者が始めたユニークなアートスペースの存在も目立つように感じた。積極的に行動する熱意があってこそだが、若いアーティストへの支援も色々あると耳にした。数年後、どんな未来が待っているのか、今からわくわくしている。

PROFILE
ユン・ヨドン

1994年生まれ。金属アーティスト。2016年にフランスのデザイン大学を卒業。2022年にソウル大学大学院デザイン学部金属工芸科修士卒業。2021年、温陽民俗博物館主催「温陽アワード」3回優秀賞受賞、2022年「レッド・ドット・デザインアワード」ブランド＆コミュニケーション部門本賞受賞。個展も積極的に開催し、〈ノンフィクション〉や〈フリッツハンセン〉など様々な企業とのコラボレーションも行う。

住所：p174
종로구 자하문로 271 4층
鍾路区ジャハムンロ 271 4階
HP または SNS：Instagram @studio_yeodongyun
※ネットショップの他に、場合によってはインスタグラムで注文を受けることもあるそう。

OJACRAFT オジャクラフト

오자크래프트

おとぎ話の世界に迷い込んだかのような陶器の店

初めて〈オジャクラフト〉の扉を開けたとき、胸がときめいたのと同時にドキッとした。おとぎ話の世界へひょいっと迷い込んでしまったかのような、かわいらしいとか素敵とか、そんな言葉だけでは片付けられない何かが、私の心を掴んだ。

白やグレー、黒などモノトーンの陶器たちが並ぶ〈オジャクラフト〉。店の商品はすべて、オジャさんが制作している。皿やカップ、ランプシェードなどの日用品から、馬や猫、鳥、りんごや鍵、赤ん坊の顔をモチーフにしたオブジェやお香立てなど様々だが、一貫した世界観がそこにはある。

オジャさんの作られた物をひとつ手に取ると、何か物語が始まりそうな気がする。静寂な森の奥深くで、小屋の窓から降り積もる雪を眺めながら、ぼんやりと揺れるろうそくの光に包まれて聞く小さなお話。そんな風景が浮かんでくるのは、私だけではないはずだ。

「ファンタジーや童話、アニメーションが小さな頃から好きです。スタジオジブリの作品の話なら夜が明けるまでできますよ」

大学では陶芸を勉強していたが、卒業後は雑誌のデザイナー、イラストレーターとして20年ほど活躍。しかしストレスが多く体調を崩した。デザインの仕事じゃなければなんだっていい。もう、この仕事はできない。それくらい、心も身体も限界だったある日、久しぶりに陶芸をやってみたらストレスがポロポロと落ちていくような気がした。治療のような気持ちで、週に一度やるようになった。

韓国の最北端、坡州（パジュ）。軍事境界線があり北朝鮮と接している場所だ。ここは映画や出版関係の会社などが多く、とても文化的な街で、アーティストも集まる。オジャさんは8年前に坡州へ移り住み、陶芸をやっていくことに決めた。

最初は陶芸作品に絵を描いていたが、途中から今やっている無地でモノトーンの「グレーシリーズ」を作り始めた。ヴィンテージが持つ、経過した時間を感じられるような雰囲気を自身の作品にも取り入れたいと、土の研究に熱心に取り組んだ。仕事として陶芸を始めた頃は、お金を稼がなくてはという気持ちもあり、食器や小さなアイテムなどを多く作った。

「今は自分の作ったものを多くの人に受け入れてもらえ、店を持つこともできました。これからは今まで以上に、自分が本当に作りたいもの、例えばオブジェなどにも積極的に取り組んでいきたいです」

PROFILE

オジャ（オ・スンウク）

1977年生まれ。陶芸家。〈オジャクラフト〉オーナー。デザイナー、イラストレーターとして20年のキャリアを積みながらも、その後、陶芸家として独立。2019年より国内外で個展やグループ展を開くなど、精力的に活動を続けている。

住所：map B
마포구 성미산로29길 42 2층
麻浦区城美山路 29ギル 42 2階
HP または SNS：Instagram @ojacraft

今回おじゃましたのは、麻浦（マポ）にあるオジャさんご自身の店。京都を旅した時に、昔の建物を大切に残しながらも現代の雰囲気を感じることのできる店をたくさん見た体験が、店を作る際に参考になったという。

Hairy Birdbox ヘアリーバードボックス
헤어리버드박스

汗？毛？ユニークなセラミックが注目を集めるアーティスト

韓国では親しい間柄だと、女性は年上の女性を언니（オンニ＝お姉さん）と呼ぶのだが、おそらく私のことを初めてオンニと呼んだのは、ヤン・ホンジョだ。

ホンジョは〈Hairy Birdbox〉という名前で活動しているセラミックアーティスト。ふにゃっとした靴の形のお香立て、ウサギの形をしたキーフック、ケーキやハートの形のマグネット、目玉のようなモチーフが付いた花瓶やコーヒーカップなど、非常にユニークな作品を作る。ブツブツとした突起が飛び出ていたり、ピョンとしたカラフルな毛が生えていたり……。彼女の作品を見るたびに、頭の中にどんな世界が広がっているのか気になって仕方がない。一度尋ねてみたことがあるのだが、どうやら汗や毛といった、無意識のうちに生物が行っている活動をテーマにしているらしい。

最近は自身のアトリエでセラミック教室も開いていて、私も何度か参加し、楽しい時間を過ごした（インスタグラムから予約できる）。

ホンジョは〈Hairy Birdbox〉のほかに〈Tree Likes Water〉の活動も行う。〈Tree Likes Water〉は、彼女がパートナーである写真家イ・グノさんと一緒に行っているZINE（リトルプレス、小冊子、同人誌）を作るプロジェクトだ。モデルやミュージシャンなど色々な職種のクリエイターをゲストに迎えて製作している。乙支路3街（ウルチロサムガ）駅の近くに、週末だけオープンする店も経営していて、そこではZINEの他、〈Hairy Birdbox〉のセラミックや世界各国の写真集、レコードなども取り扱っている。

交友関係が広い彼らは日本のクリエイターとも繋がりが多く、私は韓国に留学する前からふたりに出会っていた。そして留学中は毎月のようにふたりに色々な場所へ連れていってもらい、美味しいものを食べて遊んだ。

昨年、ふたりは〈Tree Likes Water〉としてTOKYO ART BOOK FAIR（p151）に参加した。私も少し手伝いに行ったが、様々な国のクリエイターが出展していてとても盛り上がっていた。

「〈Hairy Birdbox〉の作品も持っていったのですが、日本の方の反応がよかったんです。なので今年は、日本でも展示をしようと計画中です」

ホンジョは韓国でファッションデザインを学び、その後海外へ留学してマスコミ学を専攻。雑誌、主にインタビューや編集について勉強した。

「セラミックは独学です。韓国での退屈な日々を変えたいと思って始めたんです。おそらく、海外でいろんなものを見たことが創作においての刺激になっています。私の日本の友人たちとの関係もそうですが、多様な価値観の人々との出会いは大切ですよね。これからもお互いに必要なものを与え合いながら、交流が続くといいなと思っています」

住所：map B
마포구 동교로19길 101 B1
麻浦区東橋路 19 ギル 101 B1

HP または SNS：
https://hairybirdbox.com/hairyclass
Instagram @hairybirdbox_lab
※ HP または Instagram の DM から予約可能。

GEULWOLL グルウォル
글월

今の時代だからこその手紙のおもしろさを教えてくれる

デジタル化がものすごく進んでいる韓国に来て驚いたことのひとつが、紙や文房具を始めとした"書く"文化が大切にされていることだった。

手紙を送り合うこともそうだが、好きな詩をノートに書いたり、それを友人や恋人に贈ったりもする。韓国ではポストイットの文化が盛んなのだが、誰かへのちょっとした伝言を書くだけでなく、デモや追悼のときなどに、意思表示として使われているのもよく見た。

ここ〈グルウォル〉は「手紙」をテーマとした店だ。この店にはペンパルサービス（※）という一風変わったサービスがある。知らない人と、お互いの名前や住所を知らないままで、文通することができるのだ。

店内に並ぶ美しい封筒や便箋は、眺めているだけで胸がギュッとして、嬉しくなる。シンプルなデザインから、フルーツや花をモチーフとした華やかなもの、クリスマスなどの期間限定品、ちょっとした一言を添えるのにぴったりなミニカードなど種類が多く、いつも目移りしてしまう。

私のお気に入りは〈グルウォル〉のオリジナルの香水だ。ムスクの匂いが心地よく、さわやかで癒される。封筒に入れる前の便箋にシュッとするのもいい。この香りは「手紙を書く人」を想像して作られたという。

オーナーのムン・ジュヒさんはもともと雑誌の編集者だった。仕事柄、インタビューをする機会が多く、それがとてもおもしろかったそうで「有名人だけじゃなく、一般の人のお話も聞いてみたい」と思い、インタビューのプロジェクトを始めた。当時はカフェや書店に人を招いてインタビューを行っていたが、なかなか不便で難しく「もっと気軽に話を聞ける空間を作りたい」と想像し始め、「手紙を通して自分の話をできる店」を作ることにした。

「手紙はもともと通信手段であり様子を知らせる役割だったけれど、今はスマートフォンがそれを担っています。現代においての手紙は、それ自体がエンタメコンテンツであり、自分の胸のうちや大切な想いを伝えるひとつの方法として、人々に愛されている。手紙が持つおもしろい部分だけが、こうやって残っているのだと思います」

※ペンパルサービスを利用するには、まずペンパルサービス専用のレターセット（封筒や便箋の他、郵送料も含まれている）を購入する。この封筒に、ちょっとした仕組みがある。切手を貼るところには、オリジナルの自分のマークを書くのだが、それが自分を表すアイコンとなる。封筒には、性格や趣味を表す簡単な言葉（明るい、読書が好きなど……）がいくつか書いてあるので、その中から自分に当てはまるものを選び、丸をつける。最後に手紙を書いた日付や天気、時間も記し、店の人に預ける。その手紙は、店の中にある郵便ボックスに並ぶ。封筒に書かれた性格や趣味などを頼りに、文通したい人を選び返事を書く。店側はアイコンを住所や氏名と共に保管し管理している。なので、店を通してアイコンのみを使って手紙のやりとりをすることができる。現在は、オンライン通販でもペンパルサービスが利用可能。

PROFILE
ムン・ジュヒ

1991 年生まれ。ブランドディレクター。〈グルウォル〉を創業。ブランド企画、戦略、コンテンツ管理などの業務を総括し、運営している。人類が創り出した遺産から美意識を見出し、世界から消えてほしくないものをブランドに反映している。

住所 : map B
서대문구 증가로 10 403호
西大門区繪加路 10 403 号
HP または SNS : Instagram @geulwoll.kr

POINT OF VIEW ポイントオブビュー
포인트오브뷰

豊かな視点を創造する文房具店

人は皆、創造者（クリエイター）である。

何かを考え作る時間が、どんな人にもきっとあるはず。書き物をしたり絵を描いたりするそのかけがえのない当たり前の時間が、もっと豊かなものになりますように。そんな想いから始まった文房具店が〈POINT OF VIEW〉だ。子どもの頃から文房具店の店主になることが夢だったと語る代表は、英国のセントラル・セント・マーチンズでも学んだ経験を持つデザイナーだ。

〈POINT OF VIEW〉の3階建ての店内は各階ごとに異なるテーマを持っていて、まるでテーマパークのようだ。

1階「TOOL for Every Point Of View」は、創作を始める際に手助けとなる場所だ。日々の生活で発見したことや、自分の胸のうちをまとめて記す際に役立つノートや筆記用具。誰かに想いを伝えたいときのためのポストカードやレターセットなど、身近な道具が集まる。

階段をあがると現れる2階「SCENE from Another Point Of View」は、1階の明るい雰囲気とは対照的な落ち着いた空間。暗い照明やモノトーンの家具を使い、思考の転換を促す。

最上階の3階「ARCHIVE by Own Point Of View」は、まるでアーティストのアトリエに招かれたような空間。ドアや壁、家具には木材が使われている。花器などの雑貨も多く並び、ここが文房具店であることを忘れてしまう。

〈POINT OF VIEW〉には、様々な創作の瞬間に必要なものを幅広く提案したいという想いがある。キャンディなどのお菓子、オブジェやキャンドルなども、クリエイティブを助けるアイテムであり、必要なものだと考える。

店名である〈POINT OF VIEW〉は「視点」を意味する。自分だけの視点を大切にするクリエイターたちに、様々な視点を提案したいという意味が込められている。

今まで日本やアメリカ、ポルトガルなど様々な国のブランドの職人たちと、協力してオリジナルアイテムを作ってきた。現在進行中のいくつかのプロジェクトの中には、アクセサリーや財布、バッグ、コートなどを作る計画もあるという。直接手がけてきた空間作りも、オリジナル商品の製作も、全てはお客さんの新たな「視点」のため。実用的な商品も、装飾品も、創造のための大事なアイテムなのだという。お客さんを信じ、そして信じ続けてもらえるような、長く愛されるブランドを目指している。

住所：map D
성동구 연무장길 18 1,2,3층
城東区練武場ギル 18 1,2,3階
HP または SNS：Instagram @pointofview.seoul

SCENE

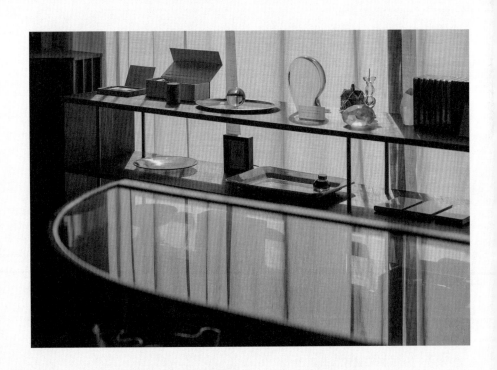

NONFICTION 三清　　ノンフィクション サムチョン

논픽션 삼청

懐かしくて新しいフレグランスブランド

背伸びをしない、地に足がついた香り。それでいて特別感や今っぽさもあり、使うたびに嬉しくなる。〈ノンフィクション〉の香りは、私をそんな気持ちにさせてくれる。

〈ノンフィクション〉の代表、チャ・ヘヨンさんがブランドを始めるときに最も大切にしたのは「母方の祖母の家の雰囲気」だった。喜んでもてなしてくれるような、身近な安心感。気取らず、あたたかいイメージのブランドを作りたかった。

アパレル業界で働き、その後アーティストのマネジメント会社をやっていたヘヨンさんがフレグランスに焦点を定めたのは、セルフケアの話をしたいと思ったからだ。片時もスマートフォンを手離せないような忙しい日々のなかで、唯一自分自身に向き合っていると感じられるのが、お風呂の時間だった。シャワーで身体を流し、好きな香りに包まれて、自分に集中する時間。それはヘヨンさんにとって、内面をケアする素朴な儀式だった。虚勢を張らず、ありのまま「ノンフィクション」な自分に出会える時間を作りたいと考えた。

香水、ボディウォッシュ、ハンドクリーム、ルームスプレーやキャンドル。〈ノンフィクション〉には、生活に欠かせないものから、日々を豊かにしてくれるものまで、フレグランス商品が揃う。世界的な調合師に依頼して、シグネチャーのフレグランスを6種類作った。

香りというのは目に見えない商品のため、パッケージや容器のデザインにも力を入れた。ブランドが豪華に見えるように無理を装うのは嫌だった。ファッショナブルすぎるのも、クールな感じも避けたかった。「祖母の家に遊びにいったようなあたたかさ」を一貫したテーマにし、ブランドロゴなどには少し古風な字体を採用。メ

ラミン食器を想像させるような懐かしいデザインを取り入れた。

景福宮の隣にある三清店は2階建て。1階はギャラリースペースになっていて、若手作家の展示も積極的に行う。この本で取り上げたユン・ヨドンさん（p72）の他、これまでに韓紙作家や陶芸作家など、韓国らしさを感じるアーティストたちとコラボレーションしてきた。

〈ノンフィクション〉のアイテムは、ギフトセットがポジャギで包んであったり、どことなく白磁の雰囲気が漂うデザインの容器などもある。"新しい韓国"を感じられる店ではないだろうか。

住所：map A

종로구 북촌로5길 84 1,2층

鐘路区北村路 5 キル 84 1,2階

HP または SNS：Instagram @official.nonfiction

playground tattoo プレイグラウンド タトゥー
플레이그라운드 타투

お守りのような小さなタトゥーを生み出すスタジオへ

　私が大人になってから仲良くなった友人たちは、タトゥーを入れている子が結構多い。それまでタトゥーが身近になかった私は、友人たちがタトゥーを入れたきっかけや、デザインに込めたひとつひとつの想いを聞いていくなかで、タトゥーというのは、人生の喜びや悲しみ、誓いや後悔を大切にする方法であり、前に進むための味方であり、自分を愛するため道具であり、共に生きていくお守りのような存在であることを知った。

　韓国のタトゥーイストたちが手がけるデザインは今、世界中で人気を集めている。タトゥーを入れるためにわざわざ韓国までやって来る旅行者もいるし、世界中を飛び回る韓国出身のタトゥーイストもいる。そんな韓国のタトゥーカルチャーを牽引するDIKIさんのスタジオ〈playground tattoo〉へお邪魔した。

　DIKIさんがタトゥーに関心を持ったのは、高校生の頃。好きなバンドのメンバーがタトゥーを入れていて「自分も入れてみようか？　いや、それよりも習ってみたい」と思ったそうだ。活動を始めた2004〜2005年ごろの韓国には、タトゥーを仕事にしている人はごく少数で、師匠となる人もインターネットでどうにか探し出した。

　最初の頃は、日本やアメリカのスタイルであるガッツリとした「刺青」を勉強して彫っていたが、2010年頃になるとタトゥーイストも、タトゥースタジオも増加し、高度な技術を持つ実力者が多くなり、お客さんが減り始めた。

　この先どうやって仕事を続けていこうかと悩んでいた時に始めたのがミニタトゥーだった。優しい色や細い線を使った小さくてかわいいタトゥーを入れたい女性が、想像以上に多いことを知ったのがきっかけだった。しかし初期の頃

は、ミニタトゥーを仕事としていることに恥ずかしさを感じることもあり、こっそりとやっていたそう。だが、続けるなかでお客さんひとりひとりのストーリーに耳を傾け、想いを汲み取り、意味を込めたデザインを提示することに、やりがいを感じるようになっていった。

　DIKIさんが手がけるデザインの人気の理由のひとつは、小さなモチーフひとつの中に、様々な意味を持たせるところだ。

　「ミニタトゥーを入れること自体は刺青に比べ比較的簡単な作業ですが、人の気持ちや人生に寄り添い、自分が好きなことをしてお金までいただけて、とても幸せだなと思いながら仕事をしています」

　DIKIさんにとってのタトゥーのおもしろさは「消せないこと」だと言う。

　「入れたタトゥーを後悔することももちろんあるし、時には弟子の練習台にもなります。でも、消せないからこそ、入れた当時の考えや、こんなものが好きだったんだと思い出したりすることができる。もし簡単に消せるものだったら、私もお客さんもたくさん悩み、大きな意味を込めて何かを残そうという覚悟や情熱も生まれないでしょう。そんなところにタトゥーの魅力を感じています」

PROFILE
DIKI（イ・ジェウク）
1986年生まれ。2004年よりタトゥーイストとして活躍。2005年にplaygroundの前身となるDIKI TATTOOを開店し、その後2013年に〈playground tattoo〉をオープン。aespa、IZ*ONE、EXO、SHINeeなど多数のK-POPアイドルのタトゥーデザインを手がけてきた。

住所：map B
마포구 상수동93-51 지하1층
麻浦区上水洞93-51 地下1階
HPまたはSNS：Instagram @playground_tat2

ハートと波が合わさったモチーフは、いつまでもやむことを知らない母親の愛を、繰り返す波で表現。雪の結晶の一部をひっくり返して飛行機にしたデザインは、シンプルでありながらユーモアに富んでいる。
若者の街、弘大（ホンデ）の裏通りを入るとすぐに現れるスタジオは、明るく清潔感がありリラックスできる空間。弘大には美術系の学校があり、自然な流れでタトゥーイストたちが集まってきたという。

TALK
WITH
CREATORS

ファッション、音楽、映画、イラスト、エッセイ……。
様々な分野で活躍するクリエイターたちと語り合った時間。

FASHION SHOOTING IN KOREA

鏡の中に映った自分の姿に、思わず「おお〜」と声が出てしまった。「まるで自分じゃないみたい」なんて言葉、人生で口にしたことがないけれど、きっとこういう時に使うのだろう。

この本の企画会議の時「韓国の撮影チームと一緒にファッション撮影ができたらいいですね」と、担当の編集者さんがおっしゃった。まさかそんな夢みたいなこと……と思っている暇もなく、とんとん拍子で様々なことが決まっていき、いつの間にか撮影当日を迎えていた。とってもありがたいことだ。

カメラマンのキム・スヨンさん、ヘアメイクのソ・チェヨンさん、スタイリストのチョン・スジョンさんと共に、事前に打ち合わせを行い、3つのテーマの世界観を作り上げた。洋服は韓国のファッションブランドを着用した。

最初のスタイルは、韓国のファッション誌でよく見かけるクールな雰囲気。ふたつめは、ここ最近のブームでもあるバレエコア(華やかなバレエの衣装などではなく、練習着や帰り道のスタイルのような、カジュアルなバレエスタイル)。最後は、韓国を感じられるような街中でのシューティング。

アイドルを擬似体験したような企画だと思って、おもしろがりながら見ていただけたら幸いです。

(とても楽しい撮影だったのですが、見慣れない自分の姿が恥ずかしい……!)

エマ × スヨン × チェヨンのクロストーク

エマ　今回は打ち合わせの段階から、皆さんがヘアメイクのことを第一に考えてスケジュールを組んでいました。

チェヨン　韓国の撮影ではヘアメイクに時間をかけます。ディテールを大事にするので、衣装の雰囲気に合わせて本当に細やかなところまで気を遣ってやります。凝った髪型やメイクをすることが多いので、メイクチェンジがある撮影ではヘアメイクが優先されることもよくあります。

エマ　今日の撮影はスヨンさんご自身の撮影スタジオで行ったので、少し驚きました。日本では、個人的にスタジオを持っているカメラマンは本当にごく一部です。

スヨン　韓国のカメラマンの多くは、自分のスタジオを持ってやっと仕事を始めることができる感じです。もちろん写真の腕が一番大切ですが、どこにどんなスタジオを持っているかで、仕事が決まったりもします。

エマ　スタジオの維持費もそうですが、照明などの備品も揃えなくてはいけないし、大変ですね。そういえば、韓国のカメラマンと話していたとき「最近、韓国のアイドルたちが日本の街中で撮影するのが流行っているけれどなぜ?」と尋ねると「日本の雰囲気がいいっていうのも理由のひとつだけれど、韓国で有名人のロケ撮影をするのは結構大変なんだ」と言っていました。つまりスタジオ撮影が主流なのかなと感じました。おふたりは、そもそもなぜ今の仕事に就こうと思われたのでしょうか。

スヨン　私は10年くらい、全く違う分野の仕事をしていました。写真は趣味で撮っていて、SNSに載せたりしていました。そんなある日、急にInstagramにメッセージが来て、そこから少しずつ写真の仕事をし始めて、今は会社を辞めて写真を本業としています。

チェヨン　私は幼い頃からヘアメイクになりたかったです。韓国のヘアメイクはみんな、まずはビューティーサロンに就職して、そこで技術を学びます。サロンで行われるテストに合格すると資格を取得できて、やっとプロのヘアメイクになれるんです。

エマ　日本では撮影現場にヘアメイクさんが来てくださいますが、韓国のアイドルを見ていると、早起きしてビューティーサロンへ行き、そこで綺麗にしてもらってから仕事現場に向かいますよね。ヘアメイクさんは皆さん、サロンに所属されているのですか。

チェヨン　そういうパターンが多いですが、フリーの人もいますよ。場合によっては撮影現場にも同行します。記念写真などを撮るスタジオに所属しているヘアメイクや、放送局が雇っているヘアメイクもいます。あとは芸能事務所と契約しているヘアメイクもいますね。何度かテストメイクをして、相性がよかったらそのまま契約したりするんです。

エマ　今回は日本の撮影とは全然違うメイクをしてもらい、新鮮でした。

チェヨン　日本のヘアメイクは、ナチュラルさを非常に大切にしている気がします。一方韓国は、短所をカバーし長所を伸ばす。それぞれの顔の形を考えて、魅力を引き出します。

エマ　スヨンさんは日本と韓国の違いを何か感じますか。

スヨン　日本で仕事をしたときに、モデルたちの表情やポーズが、笑顔で明るくて元気だったんです。日本では「かわいい」が人気ですが、韓国では「かっこいい」のほうが支持されているのかもしれません。韓国人はダークトーンの写真を好きな人も多いです。

エマ　仕事においておふたりが大切にしていることはなんですか。これからの目標も教えてください。

スヨン　今日のような撮影の場合は、まず衣装を見て、それがモデルの雰囲気と合うように撮ることを一番に考えます。ずっと目標にしているのは、どんなコンセプトでもいい写真が撮れるカメラマン。そして、その人の魅力を最大限に引き出せるような写真が撮れたらいいなと思います。

チェヨン　私は一緒に仕事をする人に気に入ってもらいたいです。モデルさんから褒められたりすると、嬉しさを感じます。モデルの魅力をより際立たせられるようなヘアメイクをしたいと思っています。

カメラマン：キム・スヨン　Instagram @yonilightz
ヘアメイク：ソ・チェヨン　Instagram @cha2_young_
スタイリスト：チョン・スジョン　Instagram @ohbutido
（残念なことに、撮影当日スタイリストのスジョンさんは体調不良で欠席）

衣装クレジット
P110-111
〈soonji〉Instagram @soonji.kr
P112-113
〈YOUYOUNG〉Instagram @youyoung_shop
P114-115
〈AVAM〉Instagram @avam_official

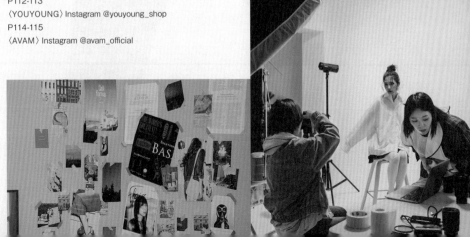

SHOOTING IN SEOUL

O N T H E S T R E E T

INTERVIEW WITH CHS

音楽で人とカルチャーを繋ぐバンド
〈CHS〉に聞く、韓国のミュージックシーン

　地元の人々で賑わう小さな市場のなかに、突如現れる「極楽」の文字。人混みをかき分け、古いビルの階段をあがると、こぢんまりとしたライブハウスが現れた。ここ〈モレネ極楽〉は、韓国のサブカルチャーを牽引するスペースだ。個性豊かなバンドのライブや DJ イベントが、毎週末のように開催されている。

　オーナーは 5 人組バンド〈CHS〉でベースを担当しているチェ・ソンアさん（ソウル出身）。〈CHS〉は 自称「トロピカル・サイケデリック・グループ」を掲げる個性的なバンドだ。「安楽な場所で、終わらない長い夏と、そこに広がる広々とした海」というスローガンで、サウンドを作り出してきた。ライブハウスの隣は音楽スタジオになっていて、この日は〈CHS〉のギターとボーカルを務めるチェ・ヒョンソクさん（釜山出身）と一緒に作業されていた。ミュージシャンやアイドルの音楽プロデュースも務めるおふたりに、韓国のバンドシーンについて聞いた。

エマ　最初に音楽に目覚めたのはいつですか。

ソンア　中学2年生です。X JAPAN のラストコンサートのビデオを観て、衝撃を受けました。最初はギターやピアノをやっていたのですが、音楽高校へ進学し、そこではベースを専門的に学び、大学でもベースを勉強しました。

ヒョンソク　日本の文化が韓国に入り始めたのは1998年以降でした。でも、以前からこっそりと日本の音楽を聴いている人たちはいましたし、私の地元の釜山でも、先輩たちが教えてくれたんです。B'z、Mr.Children、ZARD、CHAGE and ASKA、globe などをすでに聴いていましたね。

ソンア　私は日本語の雰囲気や小説なども好きで、27歳の時に1年ほど日本に住んでいたことがあります。

ヒョンソク　90年代になって、韓国ではやっとバンドをやる人たちが出てきた感じです。若者の街である弘大（ホンデ）には、外国人も多く来るので、クラブ文化が発達していき、そういったなかでライブハウスも増えていきました。2000年代前半はインターネットが身近になったのも相まって、日本のバンドの曲をコピーするバンドが増えました。他にも、日本の有名な曲に韓国語の歌詞をつけた曲が、大衆的にヒットしたりもしていました。それから少しずつ基盤が整い始め、自分たちの音楽をやるバンドも現れ始めました。

エマ　現在の韓国のバンドシーンは、どんな感じなのでしょう？

ヒョンソク　K-pop にも言えることだと思いますが、2010年くらいになってやっと「私たちの文化は誇れるものだ。世界に向けて、私たちの話をしよう」という意識が生まれてきました。韓国の音楽市場はとても狭い。K-pop は日本をはじめ世界へと市場を拡大していますが、バンドでそれをやるのは非常に難しいんです。韓国人って、とても効率的な思考じゃないですか。アイドルの練習生システムもそうだと思いますが、うまく仕組みを考えてビジネスをするんですね。そう考えると、バンドはとても効率が悪い。今は音楽をコンピュータひとつで作れるのに、何人もメンバーがいて、練習や録音のスタジオもライブハウスも借りて、お客さんも集めなきゃいけない。それがバンドの文化ですが、韓国人とは相性が悪いんです。それにテレビの音楽番組がたくさんあるにもかかわらず、バンドが出られる番組がほとんどないんですよ。

エマ　たとえば韓国のヒップホップのアーティストたちは、メジャーなアイドルとコラボレーションするなど、活動の広がりを感じます。それが良いことなのかはさておき、バンドではどうですか。

ヒョンソク　韓国に比べると日本は市場が大きいので、音楽に多様性があるように思います。でも韓国も昔よりは、大衆音楽（K-pop など）とインディーズ音楽（バンドなど）の壁は、低くなってきていると感じます。例えば NewJeans（※1）のプロデューサーは、大衆音楽よりも自分の音楽をやろうとしているインディーズ側の人を起用して楽曲を制作したりしています。インディーズ側が、大衆音楽側に曲を提供することは増えています。

エマ　〈モレネ極楽〉を始められたのは、どんなきっかけがあったのでしょう？　市場のなかにライブハウスがあるなんて、びっくりしました。

ヒョンソク　バンド練習は音がうるさいので、ずっと地下でやっていたのですが、ここは街自体に活気があるので大きな音を出しても怒られないし、何よりも2階にあるので日射しが入ってきて、エナジーチャージされるんですよ。しかしこのあたりも再開発が進んでいて、高い建物が建ち、市場も縮小。昔はこういうあたたかい雰囲気の街が多かったのですが、今のソウルにはあまり残っていない。だから、最初はここへいろんな人に来てほしくてパーティをよくやっていたのですが、どうせならライブハウスにしてしまおうと思ったんです。お酒も飲めて話もできるような場所を作れたらいいなと、なんとなくずっと夢見ていたんですね。でもコロナ禍が始まって、ライブハウスを開けられない状況が続きまし

た。バンドをやっている仲間たちもみんな、公演ができなくなりました。そこで、この場所からYouTubeを使ってオンライン配信してみるのはどうかと考えました。やってみたら結構簡単にできたし、ここでオンラインライブをしたいと言ってくれるバンドも多かったんです。コロナ禍を経て、この場所に対する責任感が増したような気がしますね。

エマ 2023年に済州島で開かれた音楽フェスティバル〈Stepping Stone Festival〉（※2）では、日本のミュージシャン〈VIDEOTAPEMUSIC〉（※3）のバックバンドを急遽担当したと聞きました。

ソンア 毎年開催されている私たちの愛するフェスなのですが、今回は台風の影響で〈VIDEOTAPEMUSIC〉のバックバンドをはじめ、多くの海外アーティストが来韓できなくなりました。私たち〈CHS〉も今回のフェスへの出演がありましたが、実は済州島で新曲を録音することになっていて、しばらく滞在していました。なので短い時間でしたが、急いで練習してやってみることにしたんです。公演当日はとても天気が良く、済州島の風と海が〈VIDEOTAPEMUSIC〉

の音楽ととてもよく合っていたので、観客の方々も楽しんでいらっしゃいましたし、演奏をする私たちも本当に楽しかったし、感動的な時間となりました。そしてこれも何かの縁だと思い、〈VIDEOTAPEMUSIC〉に〈CHS〉の楽曲のフューチャリングをお願いしてみたら快くOKしてくださり、一緒に音楽を作ることができました。

エマ 日本をはじめ、海外のアーティストとの交流について、どのようなことを感じていますか。

ソンア 素晴らしい音楽を作っている友人に出会うのは大切な時間です。彼ら独自のやり方で繰り広げられる音楽たちは、聴き慣れた音楽だとしても、そこに自分の話を新しく盛り込んでいて、ミュージシャンとして刺激になります。そういった交流の中でアイディアが生まれたりもして、〈CHS〉の音楽もますます多様になり、とても良い影響を受けています。 機会さえあれば、これからもいろんな海外のアーティストと交流したい。何よりもこの広い地球で、私たちと同じように音楽が好きな、美しい仲間たちに出会ったということが、何よりも貴重だと思うのです。

※1.BTSなどが所属する韓国のエンターテインメント企業HYBE傘下のADORから2022年にデビューした5人組ガールズグループ。 ※2. 済州島の咸徳海水浴場一帯で開催される音楽フェスティバル。 ※3.VHSやホームビデオをサンプリングして、音楽と映像を制作するミュージシャン、映像ディレクター。

CHS　Instagram @chsveryhigh
チェ・ソンア　Instagram @kumatrail
チェ・ヒョンソク　Instagram @nachoi_olaii
CHS/ バンド名はチェ・ヒョンソクさん（choi hyunseok）の名前の略。

Member

チェ・ヒョンソク：Guitar / Vocal
チェ・ソンア：Bass
パク・ボミン：Keyboard
ソン・ジンホ：Percussion
ヤン・ジョンフン：Drum

モレネ極楽
住所：map B
서대문구 수색로4길7 2층
西大門区水色路 4キル7 2階
SNS

DANCING SNAIL ダンシングスネイル

心が「大丈夫」になるイラストと文章で
世界的に愛されるベストセラー作家

『怠けてるのではなく、充電中です。』や『ほっといて欲しいけど、ひとりはいや。』など、ベストセラーを続々生み出すダンシングスネイルさん。心が緩まり、緊張をそっと解いてくれるような文章とイラストは、世界中で愛されている。

美術カウンセラーとして働いた経験を活かし、現在も積極的に創作を続ける彼女にインタビューを敢行した。

──ダンシングスネイルさんの作品は日本でも非常に人気です。世界的に自身の作品が受け入れられている状況について、どう思われますか。

「最初は、誰かの助けになりたいとか、メッセージを届けたいというよりも、自分自身が抱えている悩みを友達に相談するように、心の奥にあるストーリーを吐き出したくなった時期があり、自分のなかでは自然な形で表に出したことが、

こうやって受け入れられたので、とても驚きました。また、私の正直な気持ちやストーリーを打ち明けたところ、読者からは『実は人には言えないけれど、自分も同じような悩みを抱えている』と共感の言葉をもらいました。世界的に私の作品が受け入れられていることについて最近思うのは、例えば学校や会社など、ある程度の外交的な姿勢が求められる現代社会のなかで、そういったことに苦手意識を抱える方々が、韓国国内だけではなく世界中にある一定数いらっしゃり、みなさん似たような悩みを抱えていたり、躓いてしまうポイントが同じだったりする。だからこそ、このように私の作品が受け入れられていったのではないかなと感じています」

──ダンシングスネイルさんの作品は、イラストと文章を掛け合わせたものが代表的ですが、こ

のようなスタイルはどのように生まれたのです
か。
「以前から別の作家さんのウェブトゥーン（ウェ
ブ漫画）やカットゥーン（1コマ漫画）を読む
のが好きだったこともあり、イラストに自分がつ
づった言葉を重ね合わせた作品を生み出すこと
は、とても自然な流れでした。もともと高校生
の頃から、イラストレーターになって絵を描くこ
とが夢で、むしろ絵にしか関心がなかったとも
言えるかもしれません。文章を書くことは趣味
程度でしたが、毎日のように日記をつけていまし
た。最近は日記を書いていないのですが、当時
は特に心が疲れたときに自然にそのときの思い
を文章に書き連ねていました。なので、初めて
書籍を出すときには、ネタに困らないほど大量
の日記がありました。それをウェブ上にアップし
たところ、皆さんからの反応がよく、出版社から
連絡があり、本を作ることに。そこからより長
い文章を書くことになり、今のような仕事を始め

ることになりました」

――イラストを先に描かれるのですか。それとも
文章から？
「はじめの頃は日記で書いていたストックがあっ
たので『今日はどんなコンテンツを作ろうか』と、
その日記の中から自分の気持ちに一番近いもの
をピックアップして、その場面をイメージしてイ
ラストを充てていました。しかし、最近では先に
イラストを描いて、そこに合う文章を充てていく
ようにしています。最初に行っていた方法は時間
がかなりかかるため、今の形に変わりました」

――作品を作るときに一番大事にしていること
は何ですか。
「大事にしていることでもあり、難しいと思って
いる部分でもあるのですが、私の作品は個人的
な考えを落とし込んだエッセイです。なので一
番気をつけているのは『私の場合はこうだった』

という表現を使うことです。編集者からは、この本が誰かの力になるように、例えば『これがいいと思う』というあいまいな表現ではなく『これがいい』と言い切った表現を求められます。しかし、私の言葉が正解であるとは限らないのに、それを断定してしまっていいのだろうかと、今でも悩みながら書いています。そのため、私が実際にしてきた経験と、私の場合はこうだったという前書きがあったうえで正直な言葉をのせ、経験をしていない抽象的なことについては断定的な言葉は使わないようにしています。絵を描くときも、例えばカップルのイメージをイラストに起こすときに、男女を描くことが自然とは考えず、女性同士や男性同士のカップルを描くことも意識します。親との関係についてをテーマで扱うときは、一般的には母親がイメージされることが多いと思いますが『母親』という表現ではなく『養育者』という言葉を使うようにしています。母親がいらっしゃらない方、祖父母に育てられた方などもいらっしゃるので、私の本を見てくださった方が、少しでも心を痛めることがないように意識しています」

——今のお仕事を本格的になさる前は、美術の先生をされていたのだとか。
「もともとは子どもたちに絵を教える美術教室の先生をしていました。私は幼い頃から絵を描くのが大好きだったのですが、絵だけで食べていく自信がなく、心を病んでしまっていたこともあり、難しい挑戦を選択することができませんでした。しかし、カウンセリングを受けてみると、少しずつ気持ちが前を向くようになり、作家としての準備をしてみようという気持ちが湧いてきました。そして作品をウェブにアップしていくようになるのですが、当時はインスタグラムを含めインターネット上にコンテンツをアップすることはやったことがなかったので、操作をひとつずつ調べながらアップしていったのを覚えています（笑）。その当時はすでに、私自身のカウンセリング治療は終了していましたが、それでも心というのは1

日で回復するわけではなくて、調子のいい日もあればそうではない日もありました。その日、そのときの思いや心の内側をイラストという形でひとつひとつインターネット上に公開していったのですが、ありがたいことに共感の声をいただいたことで、続けていく力になりました」

——美術の先生は、具合的にはどのようなお仕事内容だったのでしょうか。
「美術教室（塾）の先生として仕事をしていて、生徒の自宅に伺う課外授業も行っていました。この仕事をしていたとき、私が現在の仕事に気持ちが向くきっかけにもなったあるエピソードと出合いました。当時9歳の生徒に『なんで先生は、描きなさいというだけで、自分では絵を描かないのですか』と聞かれたのです。純粋な気持ちで聞かれたこの質問に、私のなかで何かが動きました。『私はなぜ好きなことをしていないのだろう？　失敗したっていいのに、なんでやらないのだろう？』と自分自身に問いかけることになり、私の本当の気持ちを確かめるきっかけになりました」

——美術カウンセラーの勉強をされていたのですか。
「大学機関が誰にでも開いているプログラムで、授業料を支払うことで手軽に受けることができるものに参加して勉強しました。専門的に仕事をするには不足かもしれませんが、1年間で課程資格を取ることができ、自分自身にとっての助けになるのではないかと思い始めました。そこで知り合った教授から、美術療法を行っているセンターを紹介していただき、そこで働いていたのですが、当時は私の心がついていけない部分があり、まずは自分自身の問題にもっと向き合うべきだと思い、美術カウンセラーの仕事は辞めました」

——美術カウンセラーのお仕事とは具体的にどんなことをするのでしょう？

「筆やペン、絵の具など美術用品を並べて、それを自由に取って作業してもらい、その中での行動や反応を見て、カウンセリングします。例えば、言葉では『しんどくない』と話していたとしても、絵には本音が正直に表れていたりします。また、例えば『人を描いてみて』と指示したときに、その絵の人物が右を向いているか左を向いているかで、気持ちが外交的で社会に対してオープンな状態なのか、逆に自分自身に向いているのかを判断することができます。左側を向いていると内向、右側を向いていると外向と判断できるのですが、過去に心が疲れていたときの自分の絵を振り返ってみてみると、左側で絵を描いていました。面白いですよね」

——近年、自愛（セルフラブ）という言葉が世界的にも広まってきているように思います。ストレスにさらされている現代でも、韓国は特にストレスが多く、生きにくい社会というイメージがあります。今の韓国社会についてどう思われますか。
「韓国ではストレスをたくさん受けていても、それに対して向き合いにくい実状があると思います。例えば精神科に行ったとしても自分の悩みや心の辛さについてしっかりと向き合いカウンセリングをしてもらえる環境が少ない。ただ列に並んで薬を処方してもらって終わり。カウンセリングをしてもらおうと思ったら、別途に費用がかかることも多く、経済的な負担が大きいのです。精神科の医師と、カウンセラーには違いがあると思います。専門的なカウンセラーに診てもらうためには経済的な負担がかなり大きいです。病気と判断された方は支援制度などを利用することで、そういったカウンセラーに金銭的な負担なく診てもらえますが、強いストレスを受けて悩みを抱えているのに、病気とまでは判断されない中間層の方がかなりいらっしゃると思います。韓国人は特に他人からの視線を気にする方が多いので『あの人、カウンセリングを受けている』と後ろ指を指されるかもと、打ち明けられない人

も少なくないようです。そのため最近は、書籍やテレビ番組でも心理カウンセリングをメインにしたようなコンテンツに人気が集まっているように思います。韓国の人は、何かを習ったり資格を習得することに対してお金を使うことは惜しまないけれど、自分の心のケアのためにお金を使うことに対しては消極的な人が多い。だからこそ、病気ではないけれど心が苦しい人たちが救われるような何かが求められているのだと思います」

——ダンシングスネイルさんは書籍や作品の中で、家族との距離感についても書かれています。コロナ禍は世界中で、半ば強制的に家族と共に家で過ごす人が増えました。それには良い部分もあれば、とてもストレスを感じる部分もあったと思います。日本では大学生くらいの年齢からひとり暮らしを始めたり、パートナーと同居する人も多く、韓国に比べて実家からの独立が早いように感じます。韓国では結婚前から同居することがタブーとされていますし、家賃も高い。そういった背景からひとり暮らしをするのが遅かったり、家族と同居している人が多かったりしますが、そのことについてどう思われますか。
「ある程度大人になり、年齢を重ねていけば、親から独立しなければいけない時期がくると思います。理想を言えば20代半ば頃。自分で決断しなければいけないことが多くなってくる時期です。ただ、韓国の場合、大半の人が独立するのがいいとはわかっていても、それが現実的に難しいという壁にぶつかります。不動産価格が高く、ひとりで暮らしていくのには限界があります。そのため、地方からソウルに上京してきて大学に通う、就職するなどの場合を除いて、実家がソウルやソウル近郊の場合は、親との同居を選択する人がほとんどです。親と同居することでお金を貯めることもできますが、その一方で心理的な苦しさは抱えていかなければいけない。どちらかを選択しなければいけないのですが、現実的に同居を選択せざるを得ないため、心理

的な問題を抱える人が多いわけです。実は私もそのひとりで、大学が地方でしたので、そのときはひとり暮らしをしていましたが、25歳からまた家族と同居し、独立できたのは35歳になってから。やってみたら、ひとり暮らしは気ままで最高でした（笑）。ただ、そのなかで難しさも感じました。女性がひとりで暮らすことへの怖さや、非常事態のときに誰が助けてくれるのかという不安です。私は2年ほどひとりで暮らしたあと実家に戻りましたが、今はこれから結婚予定の方とふたりで暮らしています。もともと結婚については、必ずしもそういった形をとらなくてもいいと考えていたほうで、例えば外国のように結婚という形式に縛られるのではなく、パートナーとの同居という選択が認められている国であれば、そうしたいという思いがありました。しかし、私は韓国人なので、両親が心配するようなことはできないですし、人生を一緒に歩んでいく人が必要だと思ったときに、この国で暮らす以上は結婚という方式しかないと思い、たくさん悩んだ末、結婚することになりました。また、韓国では結婚を約束していない人との同居はタブーというのは変わりませんので、そういった約束なしの同居という形は、特に親世代からの批判の的になります。両親との同居は年齢を重ねれば重ねるほど、周りからの視線も気になります。しかし金銭的な理由で難しかったり、一人暮らしの怖さのようなものがつきまとうので、親からの独立が遅くなってしまうのが韓国の現実だと思います」

―― 韓国の人は親しくなるとぐっと距離が近くなります。その距離感がありがたいときもあれば、少し驚くときもあります。日本には「親しき仲にも礼儀あり」ということわざがあるのですが、人との付き合い方において、韓国と日本では異なる部分を感じました。ダンシングスネイルさんは人との距離感について、どんなことを考えていらっしゃいますか。

「たしかに韓国の人は親しくなればなるほど家族のようにぐっと踏み込んでくる印象ですが、日本の方は親しくなっても礼儀を守ったり、いい意味である程度の線引きをされているように思います。私はどちらかというと親しくなってもある程度の線引きというか、距離が必要なタイプです。韓国で暮らしていますが、韓国での生活はあまり向いていないと感じています（笑）。そういった私の性格からくる悩みやストーリーが、日本の方々に多く受け入れられている理由かもしれないですね」

―― 最後に、韓国で一番好きな場所を教えてください。

「観光で行くには正直訪れにくい場所かもしれませんが、京畿道にあるワンソン湖という大きな湖です。一周は1時間ほど。もともと両親と同居していたときにこの近くに住んでいて、頭や心を整えるときにはここでよく散歩をしていました。私は都市のように人が多くて騒々しい場所よりも、都市から少し離れた場所が好きなのでおすすめです。自然が好きな人はぜひ訪れてみてください。ワンソン湖を一望できる〈カフェ イン ザ ビュー〉というカフェがあるのですが、ここから臨む景色がとても素敵なんです。また、ワンソン湖公園には、大きな噴水を一周することができるレールバイク（自転車のように漕ぐタイプ）の線路があって、乗ってみるのも面白いですよ」

PROFILE
ダンシングスネイル（シン・ハヌル）
1987年生まれ。作家、イラストレーター。自身の心の内を明かしたストーリーとイラストが世界中で支持されている。著書に『怠けてるのではなく、充電中です。昨日も今日も無気力なあなたのための心の充電法』（CCCメディアハウス）、『幸せになりたいけど、頑張るのはいや。もっと上手に幸せになるための58のヒント』（SBクリエイティブ）ほか多数。

SNS：Instagram @dancing.snail

PROPAGANDA　プロパガンダ

映画を語る記憶として人々の心に残るポスター
デザインスタジオ「PROPAGANDA」

　韓国のドラマや映画を観るようになって、驚いたことのひとつが「ポスター」だ。日本で目にする韓国作品のポスターは、ポップなものが多い。出演者の名前や顔が大きく配置され、これでもかというほど情報量が詰め込まれている。しかし同じ作品でも、韓国のポスターはだいぶ違う。極力シンプルにデザインされ、時には俳優やアイドルの顔が全く写っていない場合もある。

　独特のタッチで描かれるタイトルロゴ。余白が掻き立てる想像力。作品の世界観を重視してデザインされるポスター。そんなブームを作ったのは、デザインスタジオ〈PROPAGANDA（プロパガンダ）〉だ。

　〈PROPAGANDA〉は2008年に始まった。もともと大規模な商業映画のポスターデザインを手がけていたチェ・ジウンさん、パク・ドンウさんが立ち上げ、その後イ・ドンヒョンさんが参加し、男性3人で運営するデザイン会社となった。

　彼らは月に一度、〈プロパガンダシネマストア〉（※）を開放している。ここでは彼らが手がけたポスターだけでなく、コレクションしてきた世界中の貴重なポスターや映画グッズも見ることができる。私は留学してすぐに〈プロパガンダシネマストア〉にお邪魔し、代表のチェ・ジウンさんにお会いした。

　私がまずカバンから取り出したもの。それは2010年前後、学生時代に集めていた日本の映画のチラシだった。

　私の手元にあるよりも、ここで多くの人の目に触れてほしいと思ったからだ。

　するとジウンさんは、神保町へ行って集めたという、韓国映画の日本上映時のチラシを見せてくださった。

　ちなみに韓国では現在、映画のパンフレットは作られていないという。いつか日本でも作られなくなる日がくるのだろうか。

　幼い頃から映画を観るのが好きだったジウン

さんに、大きな影響を与えたのは『グラン・ブルー』
（88 年・仏）のポスターだったという。韓国で
は 93 年に公開。〈プロパガンダシネマストア〉
で見せてもらった当時のポスターは、海の中で
泳ぐイルカと人間が向かい合い、静かな時間が
流れる、とてもシンプルなデザインだった。

　映画のポスターは「この映画を観たい！」と
人々を惹き込むことも重要だが、映画を観終え
た後も、ポスターそのものが映画を語る思い出
としてずっと残る。

　映画やドラマのポスターをデザインする際、
日本では多くの場合、映画制作チームから、す
でに撮影された写真を素材として提供してもら
い、その中から使用する写真を選び制作すると
いう。しかし〈PROPAGANDA〉をはじめ、韓
国でポスターをデザインするときは、デザイン
チームはまず脚本を読み、自分たちでアイデア
を出し、それに合わせて撮影を行って進める。

　大きなデザイン会社から独立し〈PROPAG
ANDA〉を始めた最初の頃は、ミュージカルや
アートハウス、独立系の映画のポスターを手が
けることも多く、俳優の顔や名前で広告、宣伝
をしても仕方がないという環境があった。その
経験が、自分たちが本当にやりたいデザインに
ついて深く考え向き合うきっかけになったとい
う。

　〈PROPAGANDA〉はデザインの仕事だけで
なく、本の出版も行う。まず最初に見せてくれ
たのは、趣味で集めているというソウルオリン
ピック（1988）のデザイン、グッズなどを集めて
まとめた本『88Seoul』だ。

　もう一冊は、韓国の映画看板の写真を集め
た本『映画看板図鑑』。韓国で初めて公開され
た日本映画『HANA-BI』（北野武・韓国公開
1998）や、今もなお韓国で伝説的な人気を誇る
『ラブレター』（岩井俊二・韓国公開 1999）の
手描きの看板を見ることもできる。

　〈プロパガンダシネマストア〉には日本映画
のポスターコレクションもたくさんあった。
〈PROPAGANDA〉は韓国の映画だけでなく、

日本を含む海外の映像作品のポスターのデザイ
ンも多く手がけてきた。

　今、韓国の映像コンテンツ、並びに制作シス
テムは世界中から注目を集めている。大手ドラ
マ制作会社の企画力や脚本制作方法、撮影の
際の労働環境の改善、映画学校での教育、映
画館での収益の一部が映画産業全般を支援す
るのに使われるなど、学ぶことも多い。

　韓国で日本の映画が初めて公開されたのが
1998 年『HANA-BI』。2000 年に公開の『ペ
パーミント・キャンディ』は、韓国と日本の両国
が初めて共同制作した映画。『冬のソナタ』の
日本での放送は 2003 年。『パラサイト』のカ
ンヌのパルム・ドール受賞が 2019 年。

　1980 年代末まで軍事政権が続き、言論や表
現の自由、文化へのアクセスがものすごく制限
されていたことを考えると、ものすごいスピードだ。

PROFILE
SNS：
〈プロパガンダデザインスタジオ〉
Instagram @propaganda01
〈プロパガンダシネマストア〉
Instagram @propagandacinemastore

※〈プロパガンダシネマストア〉は毎月最終土曜日のみオープン。
訪問を希望する場合は Instagram の DM から申し込み。

『君の名前で僕を呼んで』（2018）

『パターソン』（2016）

『ヤンヤン 夏の想い出』（2018）

『夜空はいつでも最高密度の青色だ』（2017）

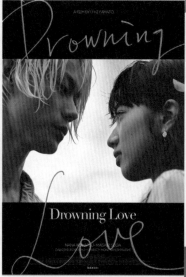

『溺れるナイフ』（2016）

『愚行録』（2017）

『怒り』（2016）

『愛の不時着』（2019）

『はちどり』（2020）

『ソウルメイト』（2023）

『BRING THE SOUL：THE MOVIE』（2019）

『お嬢さん』（2016）

THINKING
ABOUT
KOREAN
CULTURE

文学やアート、言葉や歴史などから見えてくる隣の国のこと。
ソウルから少し足を伸ばし、旅をして見た色々な風景。
四季を通して韓国で生活してみて感じたあれこれ。

ABOUT KOREAN POETRY

韓国の詩の世界

　韓国は、日本に比べると、より詩が生活に根付いているような気がする。若者たちは詩集を恋人や友人たちと贈り合うし、まるで音楽のプレイリストをシェアするみたいに、好きな詩を共有する。地下鉄の駅のホームドアにも様々な詩人の詩が掲示されているし、小学校では子どものための「童詩」を学ぶ授業もあるらしい。インターネットで詩の全文を見ることができるサイトもある。私も留学中、韓国人の友人から詩集をプレゼントされ、彼らが好きだという詩のページに付箋をつけた。

　その背景には様々な理由があるが、歴史的なことも大きいと感じる。日本の植民地だった時代、小説などよりも抽象的な詩は、検閲をかいくぐりやすかったのだろうか。また、1980年代に民主化を求める運動が盛んになった頃も、短くて覚えることに適している詩が大きな役割を果たした。みんなが口ずさみ、時には歌いながら、連帯する人々の心をつないだ。そして現代では、K-popをはじめとする韓国の歌（詩）が、世界中の人々に愛されている。

『韓国現代詩選〈新版〉』茨木のり子（編集・翻訳）／亜紀書房
日本の詩人・茨木のり子が選び翻訳した12人の詩と各詩人について

『尹東柱詩集 空と風と星と詩』尹 東柱（著）金 時鐘（編訳）／岩波書店
日本の刑務所で27歳で亡くなった青年の切なくきらめく永遠の青春

『引き出しに夕方をしまっておいた』ハン・ガン（著）きむ ふな（翻訳）斎藤真理子（翻訳）／CUON
小説家としても現代韓国を代表する作家の繊細で美しく正直な強さ

『愛しなさい、一度も傷ついたことがないかのように』リュ・シファ（編集）オ・ヨンア（翻訳）／東洋経済新報社
韓国の詩人が"癒しの詩"を世界中から選びまとめたアンソロジー

『翼　李箱作品集』李箱（著）斎藤真理子（翻訳）／光文社古典新訳文庫
日本の植民地時代に新しい文学を求めたモダンボーイの異才を満喫

『花を見るように君を見る』ナ・テジュ（著）黒河 星子（翻訳）／かんき出版
著者の作品の中からインターネット上で特に人気の詩を集めた詩集

『詩と散策』ハン・ジョンウォン（著）橋本智保（翻訳）／書肆侃侃房
詩を読むことが人生の隣にある喜びを、詩人が書く瑞々しく美しいエッセイ

『海女たち――愛を抱かずしてどうして海に入られようか』ホ・ヨンソン（著）姜信子（翻訳）趙倫子（翻訳）／新泉社
済州島に生きる海女ひとりひとりの壮絶な人生を詩で描いた力作

140

茨木のり子と尹東柱

日本の詩人・茨木のり子（1926 - 2006）は、最愛の夫を亡くした後、50歳を過ぎてから隣の国の言葉を勉強し始めた。彼女は学んでいくなかで感じたことや人々との交流の様子を『ハングルへの旅』（1986）という一冊のエッセイに綴った。この本の中で彼女はひとりの青年について書いている。

青年の名は尹東柱（ユン・ドンジュ）（1917 - 1945）。中国・満州で生まれ、ソウルにある現・延世大学を卒業。その後、日本の立教大学と同志社大学で学ぶのだが、その最中、独立運動の嫌疑により福岡刑務所に送られ、27歳という若さでこの世を去った。彼が生きたのは、日本が朝鮮半島を植民地とし、彼らの言葉や名前を奪っていた時代と重なる。生前は全くの無名な詩人であったが、友人に宛てて送った詩などがかろうじて残り、現在では国民的詩人として知られ、日本でも愛されている。

私が茨木のり子を知ったのは、小学生の頃の教科書に載っていた『わたしが一番きれいだったとき』という詩だ。戦争の虚しさや哀しさを描いた彼女が、同じように、しかし別のかたちで青春を奪われた少年少女たちの存在を知ったときの心の情景を想像してみる。彼女は晩年まで詩の翻訳に尽力し、お気に入りの詩をまとめたアンソロジー『韓国現代詩選』（1990・2022〈新版〉）を残した。

当時の韓国語学習者はごく僅か。しかし今では学校の数はもちろん、YouTubeなどを使った独学で達者に言葉を操る人も少なくない。そして韓国の若者たちも驚くほど日本語を話すことができ、ソウルの街中では日本風の居酒屋なども多く目にする。そこにはかつてとは違う明るい理由がある。彼女をはじめ、先人たちが守り続けてきたお互いの国を知ろうとするあたたかな灯火は、日韓関係が冷え込んだ時期も文学や映画、ドラマ、音楽などを通して、小さくなろうとも消えなかった。2022年、ボーイズグループ・BTSのメンバーがSNSに彼女の詩『自分の感受性くらい』を載せた。私たちの世界はこうやって手を繋いでいけるかもしれない。この先どんなことがあっても、自分の感受性くらい自分で守りたいし、そういう世界を生きたい。

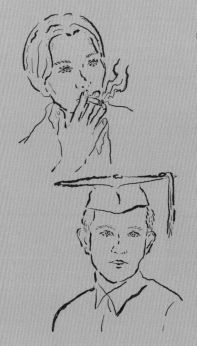

自画像（1939.9）
『尹東柱詩集　空と風と星と詩』岩波書店より

麓（すみ）の隅を廻り　ひそまった田のかたわらの　井戸をひとり訪ねては
そおっと覗いて見ます。

井戸の中には　月が明るく　雲が流れ　空が広がり
青い風が吹いて　秋があります。

そしてひとりの　男がいます。
どうしてかその男が憎くなり　帰っていきます。

帰りながら考えると　その男が哀れになります。
引き返して覗くと　その男はそのままいます。

またもやその男が憎くなり　帰っていきます。
道すがら考えると　その男がいとおしくなります。

井戸の中には　月が明るく　雲が流れ　空が広がり
青い風が吹いて　秋があって
追憶のように　男がいます。

RECOMMENDED KOREAN LITERATURE

極私的・文学案内

韓国の文学、映画、ドラマ、音楽は、社会問題や歴史のことを、遠くない温度感で描く。韓国のエンターテインメントに魅了されてから、まだほんの少ししか経っていないが、初心者なりに「これは読んでみてほしいな、観てみてほしいな」と思うものを、文学を中心にいくつか挙げてみた。

様々な人生・仕事

韓国には日本の小説や映画のファンが多くいる。友人たちに日本作品の魅力を尋ねると「日本の作品は癒される。韓国は実社会もストレスフルで文学やドラマも重いテーマを取り上げることが多いから、ときどき疲れてしまう」と言った。私は韓国文学が、きれいごとや幸せだけでなく、困難や悲しみを描いてくれる部分に癒されてきた。心が広がっていくような気持ちになるのだ。ここでは、そんな作品たちを紹介したい。

『フィフティ・ピープル』
チョン・セラン（著）斎藤真理子（翻訳）／亜紀書房

大学病院が舞台。50人（本当は51人）の話が、少しずつ重なりあったり、すれ違ったりしながら紡がれる短編集。年齢も職業も様々な人々が登場し、実際に韓国で起きた色々な事件も盛り込まれている。病院ものにありがちな"お涙頂戴"なストーリーではなく、淡々と日々が進む。

『ひこうき雲』
キム・エラン（著）古川綾子（翻訳）／亜紀書房

様々な職業につく人々の"裏切りや悲しみ"をテーマにしたような8つの短編が収められている。著者は社会的弱者や貧困者を"可哀想な人"として描くなんてことは絶対にしない。ひとりひとりの大切な生活のなかに横たわる「社会への絶望」に、目を逸らさず向き合う。

他にも …
『私たちのブルース』（ドラマ）『賢い医師生活』（ドラマ）
『マイ・ディア・ミスター ～私のおじさん～』（ドラマ）

女性の生き方

2016年に韓国で発表された小説『82年生まれ、キム・ジヨン』（チョ・ナムジュ著）が、女性たちの共感を得て世界でヒット。#MeToo運動も相まって、文学のみならず映画やドラマなど多くの韓国フェミニズム作品が日本へ入ってきた。女性たちが感じてきた生きづらさに、一生懸命に向き合う作家たちの作品は連帯を生み出した。少しずつではあるが変わってきている社会に、私は希望を持ちたい。

『明るい夜』
チェ・ウニョン（著）古川綾子（翻訳）／亜紀書房

曽祖母、祖母、母、私。四代にわたる女性たちの百年にわたる物語。この本の韓国版の帯には「悲しみを慰め、包み込んでくれる、より大きな悲しみの力」と書いてある。韓国現代史を背景にしながら、根強く残る家父長制、どこの家庭でも見られる母娘の問題など、女性たちが必死に生きてきた姿を、繊細な心の動きを大切にしながら書かれた大作。

『菜食主義者』
ハン・ガン（著）きむふな（翻訳）／クオン

ある日突然ベジタリアンになった30代の女性について、彼女の周りの人々がリレー形式で語っていく物語。彼女を抑圧してきた父、夫、そして社会の規範に対し、彼女なりに命をかけて抵抗している姿に胸が痛い。アジア初のブッカー国際賞（英国）を受賞。

『娘について』
キム・ヘジン（著）古川綾子（翻訳）／亜紀書房

介護施設で働く「私」のもとに、高学歴で無職の30代半ばの娘が、同性の恋人を連れて転がり込んでくる。娘を理解できない「私」は、職場でまるでモノのように扱われる高齢者たちへの待遇を通して、自分や娘にもやがて訪れる孤独や死について考える。家族とは？ 幸せとは？ 生きるとは？ 3人の共同生活が、母親である「私」の視点で語られる。

他にも …『はちどり』（映画）『82年生まれ、キム・ジヨン』（映画）
『赤い袖先』（ドラマ）『よくおごってくれる綺麗なお姉さん』（ドラマ）

障がい者へのまなざし

ここ数年、障がいを持つ人々が魅力的に描かれる韓国ドラマが、ものすごいペースで作られている。日本よりも障がい者が生きやすい社会なのだろうかと思っていたのだが、「日本よりも障がい者への差別が少し根強いかもしれない」「障がい者に対する理解の授業などもなかったかも……」と韓国の友人たちは言った。しかし近年、芸能人や政治家が自身の子どもの障がいを公に語るようになったりと、少しずつだが社会の雰囲気は変わっているようだ。小説やドラマ、映画など様々なカルチャーが、背中を押しているのではないだろうか。

『宣陵散策』

チョン・ヨンジュン（著）
藤田麗子（翻訳）／クオン

アルバイトで急遽、自閉症の青年の世話を引き受けることになった20代の青年。障がい者への戸惑いと、物事を見つめる新たな視線への嬉しさを、みずみずしく描く。

『ウネさんの抱擁』

チョン・ウネ（著）たなともこ（翻訳）
／葉々社

ドラマ『私たちのブルース』に出演した俳優で画家のチョン・ウネさんは、発達障がい者でダウン症候群だ。絵を描くことで切り開いてきた自らの人生。力強い作品たちと愛にあふれる言葉を収めた花束のような一冊。

他にも ...『オアシス』（映画）『トガニ 幼き瞳の告発』（映画）
『ムーブ・トゥ・ヘブン：私は遺品整理士です』（ドラマ）
『サイコだけど大丈夫』（ドラマ）『ウ・ヨンウ弁護士は天才肌』（ドラマ）

老い

日本と同じように少子高齢化社会である韓国。高齢者の自殺も多く、貧困や孤独が社会問題に。近年増えている"老い"を扱う作品は、高齢者に寄り添うというより、若者が高齢者とどう向き合い付き合っていけるのか、考えるきっかけを与えているように思う。

『ダニー』

ユン・イヒョン（著）佐藤美雪（翻訳）／クオン

韓国では子どもの世話を親に頼み働きに出る子育て世代が多い。この物語の主人公も孫の世話に明け暮れ、次第に心が空っぽになっていく68歳の「私」。彼女は公園で青年ダニーから思いもよらない言葉を掛けられる。「きれいですね。本当に。」しかし彼はアンドロイドだった。

『ある夜』

ユン・ソンヒ（著）金憲子（翻訳）／クオン

ある夜、転倒し不慮の事故にあった老婦人。彼女は路上に身を横たえ助けが来るのを待ちながら、古希に近い自らの人生を回想する。一見バラバラに見える彼女の様々な過去のエピソード。しかし読み進めるうちにひとりの女性の人生の心の揺れ、不安、幸せ、悲しみが痛いほど伝わってくる。

他にも ...『ナビレラ -それでも蝶は舞う-』（ドラマ）
『ポエトリー アグネスの詩』（映画）

SF

近年、日本でも韓国のSF小説の出版が相次いでいる。設定の自由度が高いSFは、現実の問題を様々な距離感で語ることができる。ジェンダー、マイノリティとマジョリティの構図などを、場合によっては人間以外の登場人物に語らせる。今まで拾い上げることが難しかった弱き者の声に耳を傾ける役割を担っているように思う。

『どれほど似ているか』

キム・ボヨン（著）斎藤真理子（翻訳）
／河出書房新社

政治不信、学力社会、SNS上での誹謗中傷、男女間の格差など、韓国社会の歪みや問題をテーマにした10の小説が収録されている。著者は現代韓国で「もっともSFらしいSFを書く作家」とも言われ、新世代の作家たちに多大な影響を与えている。

『モーメント・アーケード』

ファン・モガ（著）廣岡孝弥（翻訳）／
クオン

見知らぬ誰かが体験したあらゆる人生の瞬間（モーメント）が売り出されている"モーメント・アーケード"。主人公は惨めな自分の人生から逃避するべく他人のモーメントに夢中になっていくが、そこで出会ったあるモーメントがきっかけで、自分が抱えてきた家庭の問題や人生の苦悩と新しい形で向き合うこととなっていく。著者は来日し、漫画家のスタジオで働いていた経験を持つ。

他にも ...『ムービング』（ドラマ）
『グエムル -漢江の怪物-』（映画）

光州事件

「光州事件」とは、1980年5月に光州で起きた民主化を求める運動と、それに対する軍事政権による武力弾圧のこと。学生を含む多くの市民が軍によって虐殺された。当時韓国では徹底的な報道管制が敷かれ、長い間一般の韓国人は真相を知らされていなかった。「5・18光州民主化運動」が正式名称。

セウォル号沈没事故

2014年4月16日、韓国・仁川から済州島に向かっていた大型客船が沈没。真っ先に逃げたのは、船長などトップの大人たち。「動かないで」という不適切な避難誘導を信じて300名近くが亡くなり、その多くは修学旅行中の高校生だった。経済優先、格差など、多くの問題を浮き彫りにしたこの事故が文学者に与えた影響も大きく「セウォル号以後文学」と呼ばれるジャンルも生まれた。

『目の眩んだ者たちの国家』

キム・エラン（著）パク・ミンギュ（著）ファン・ジョンウン（著）キム・ヨンス（著）矢島暁子（翻訳）／新泉社

事故発生時、沈みゆく船の姿はニュース等で実況中継され「見ていた」のに何もできなかったというもどかしさを多くの国民が体験した。現代韓国を代表する作家や思想家たちが、事故後比較的すぐに紡ぎ出した言葉たちをまとめた思想・評論エッセイ集。

「少年が来る」

ハン・ガン（著）、井手俊作（翻訳）／クオン

様々な立場で光州事件に立ち合った6人の語り手による全6章の物語。軍によって殺された親友を探すために遺体安置所で手伝いをしている男子中学生や、逮捕され拷問を受けた女性……。登場人物たちの人生がどこかで絡み合っていて、読み進めるごとに話が立体的になっていき、謎解きをしているような気分にもなる。誰もが持っている人間の残忍さや醜さが、圧倒的な筆致によって描かれる。

他にも…『Ma City』〈BTS〉（音楽）『ペパーミント・キャンディー』（映画）『タクシー運転手 約束は海を越えて』（映画）『5月の青春』（ドラマ）

『外は夏』

キム・エラン（著）古川綾子（翻訳）／亜紀書房

幼い息子や夫、愛犬との別れ。いつの間にか失った恋人への想い。少数言語の最後の使い手……。何かを失った人たちの7つの短編が収められている。最年少で韓国の権威ある文学賞を受賞した作家による喪失の物語は、大袈裟に悲しみや困難を語るのではなく、淡々と静かに進んでいく。

他にも…『Spring Day』〈BTS〉（音楽）『君の誕生日』（映画）

ベトナム戦争

1955年から始まり世界を巻き込んだ戦争。韓国はアメリカの同盟国として30万人を超える兵士をベトナムに送った。貧しさゆえ参戦を余儀なくされた韓国は、ベトナム戦争の特需によりその後凄まじい勢いで経済発展を遂げたが、枯葉剤の後遺症や、戦争の記憶で苦しむ人が今も多く存在する。守るべきもののため命をかけて戦った結果、多くのベトナム人を虐殺し傷つけた反省や恥ずかしさもある。

『シンチャオシンチャオ』

（『ショウコの微笑』チェ・ウニョン（著）吉川凪（監修）牧野美加（翻訳）横本麻矢（翻訳）小林由紀（翻訳）／クオンに収録）

ドイツで暮らすことになった韓国人の少女が、ベトナム人の少年と出会い、尊い友情を育む。しかしある日、少年の家族がベトナム戦争の生き残りであり、母親の家族を皆殺しにしたのが韓国兵士だったことがわかる。また少女の父親の兄はベトナム戦争で亡くなっていたことも明るみになり、人々の関係が変化していく。戦争が終わった後も続く悲しみや複雑性を見事に描く。

他にも…『ホワイト・バッジ』（映画）『記憶の戦争』（映画）

一緒に生きる "在日コリアン" を知りたい

在日コリアンの歴史を知ることは、今私たちが生きている日本の歴史を知ることでもある。大学に入るまで、在日コリアンの友人がまわりにいなかった私は（いたのかもしれないが、まわりに言わずに生活している人々も多いと聞く）こんなにも自分は何も知らずに生きてきたのかと驚いた。小説や映画で語られるのは、ひとりひとりの等身大の人生。変に構えず、たくさんの人生に耳を傾けられたらと願う。

『パチンコ（上）（下）』 ミン・ジン・リー（著）池田真紀子（翻訳）／文藝春秋

韓国系アメリカ人作家が書いた小説なので、これを韓国文学と呼ぶのかはわからないが、世界的ベストセラーとなりドラマ化もされた。朝鮮半島、大阪、そして横浜と、在日コリアンの歴史を四世代にわたって描いた大作。とにかく本当に面白くて、寝る間を惜しんで読んだ。

『密航のち洗濯　ときどき作家』 宋 恵媛（著）望月優大（著）／柏書房

日本の植民地支配下の朝鮮で生まれ、密航で日本へ来た男。彼が残した一冊の歌集、いくつかの小説作品、日記や手紙、周りの人々の証言をもとにしながら、無名の作家であり、洗濯店を営んだひとりの男の人生を描く。記録に残すことが困難だった在日コリアン一世の人生が今、目の前に現れるような体験。

『ぼくは挑戦人』 ちゃんへん.（著）木村元彦（著）／ホーム社

在日コリアンとして、京都の在日朝鮮人集落・ウトロ地区で生まれ育ったちゃんへん.さん。プロパフォーマーとして世界で活躍する彼が、自身の半生を振り返る自伝。国籍の選択、民族差別など重いテーマも語られるが、笑って泣けて、勇気の出る一冊。

他にも ...『スープとイデオロギー』（映画）『GO』（映画）『アリランラプソディ』（映画）

もっと韓国を知りたいときに読む本

『韓国文学の中心にあるもの』 斎藤真理子（著）／イースト・プレス

韓国文学の翻訳を数多く手がける著者による文学案内でありながら、本を読む喜びを思い出させてくれるような、抱きしめたくなるような一冊。

『「日韓」のモヤモヤと大学生のわたし』 加藤圭木（監修）一橋大学社会学部加藤圭木ゼミナール（編）／大月書店

韓国のエンターテインメントに夢中になると必ず突き当たる色々なモヤモヤを、背伸びしない温度感で一緒に考えてくれる優しい先輩のような本。

『韓国カルチャー 隣人の素顔と現在』 伊東順子（著）／集英社

ドラマ、映画、文学作品から読み解く韓国の社会と文化のリアル。ひとつのテーマだけではなく、その周りのアレコレについても書かれていて、世界が広がるような感じ。続編もあり。

『現地発　韓国映画・ドラマのなぜ？』 成川 彩（著）／筑摩書房

韓国のドラマや映画を観ていると、食や家族関係、受験戦争をはじめ、日本との違いがたくさん出てくる。そのひとつひとつをユニークに教えてくれる。夢中で読んだ。

WHAT IS HANGUL?
ハングルって何？

　朝鮮語を表すための文字「ハングル」。現在韓国で使われているハングルの文字数（※1）はたったの24個。

　「ハングルはすごい発明で、ユネスコの世界記憶遺産に登録されている」（※2）という話はちょこちょこ耳にしていた。10月9日の「ハングルの日」（한글날）は公休日で、学校や会社が休みになることからも、ハングルがこの国にとって大切なものだということがわかる。ソウルの中心地・光化門広場には、ハングルを作った国王・世宗大王（1397 - 1450）の大きな銅像が建っているし、彼の名前にちなんで命名された施設や道の名も多い。1万ウォン紙幣にも彼の顔が印刷されているし、映画やドラマの主人公としてもよく登場する国民的英雄だ。

　もともと朝鮮には自分たちの文字がなく、中国の漢文を使って言葉を書いていた。それは不自由で使いづらく、そのうえとても難しかったそうで、裕福で学のある特権階級の者ばかりが優位に使いこなした。そしてそれはやがて権力となり、出世の道具にも使われるようになっていった。

　第四代国王の世宗大王は、誰もが簡単に使いこなせる文字を作ることで、国民を守ることができるのではないかと考え、朝鮮独自の文字を生み出した。それがこんにち「ハングル」と呼ばれる文字だ。

　世宗大王は、文字を見てその音がわかるよう「音をかたどった文字」（※3）を作ろうとした。ハングルはそれぞれの音を発音するときの口や舌、喉の形などを模している。丸や四角のような図形に似たデザインなのはそのためだ。そして、たくさんの文字を知らなくても、いくつかの簡単な形を組み合わせることで、朝鮮語の全ての音を書き表せるようにしたのだった。

　世界中の教育学者や言語学者などからも絶賛されるハングル。ソウルにある〈ハングル博物館〉では、ハングルの成り立ちや歩んできた歴史を、ユニークな展示空間で、様々な資料を見ながら知ることができる。週に一度開催されている日本語のガイドツアーは、ハングルが読めない人も十分に楽しめる内容なので、是非おすすめしたい。

※1　厳密には字母数のこと。ㄱやㅏなど1つ1つを「字母」と言い、감のように字母を組み合わせたものを「文字」と言う。
　　　ここでは子音字母14字＋母音字母10字＝24字母という意。
※2　1443年、現在はハングルと呼ばれている「訓民正音」が公布された。「訓民正音」とは「民に訓える正しい音」の意。
　　　このとき、新しく作られた書物の名前も「訓民正音」という。1997年、この書物がユネスコの「世界の記憶」に選定された。
※3　正しくは「音声器官をかたどった文字」。音声器官とは声を出し、ことばを話すための器官。声帯・舌・歯・唇など。

「訓民正音」（※2）が作られた後もしばらく、特権階級の男性たちの多くは政治など公の場ではハングルを使うことに積極的ではなかった。そのため朝鮮の公用文章語は1894年の甲午改革に至るまで漢文であった。ハングルは「漢文」に対して「諺文」（オンムン・언문）と卑称されたり、女性たちが使う文字という意味で「アムクル（암클）」と呼ばれることもあったそう。このような状況の中で、特に特権階級の女性たちはハングルの発展に大きな役割を果たした側面がある。しかし一方で、仏典や経書、実学書などにはハングルが多く使われ、また手紙などにも用いられていた。

RECOMMENDED MUSEUMS
美術館ガイド

リウム美術館
Leeum Museum

韓国の現代アートへの情熱と、古美術の素晴らしさの両方を満喫できる美術館。世界的建築家３名が手掛けた建物や野外作品にも注目。作家物の器などを扱うミュージアムショップも大人気。滞在中にひとつしか美術館へ行けないのなら迷わずここをおすすめしたい。

ピクニック
piknic

とにかくオシャレで気持ちが高鳴る美術館。中庭や屋上があり、建物の内と外を行き来しながら楽しむ。企画展は毎回ジャンルが様々でユニーク。地下にあるミュージアムショップはセンスが良く、品揃えの豊富さに時が経つのも忘れてしまう。レストランもあり。

煥基美術館
Whanki Museum

韓国を代表する抽象画家キム・ファンギの作品と出合える小さな美術館。自然光が差し込む空間の中で観る大きな作品は、格別な感動をもたらす。静かな住宅街の坂の上にあり、見晴らしも良い。個人邸のような雰囲気もあり、自然と心が落ち着く秘密にしたい場所。

ミュージアムサン
Museum SAN

ソウルからバスで約１時間半。山の中にあり、アートを巡りながら豊かで広大な自然を感じることができる大規模な美術館。まるで湖の中に建っているかのような建築は安藤忠雄によるもの。光と空間のアーティスト、ジェームズ・タレルの展示室や瞑想館も是非観たい。

その他にも

国際ギャラリー	国内外の現代アートを観ることのできる韓国を代表するギャラリー。毎回充実した内容で多くの人が訪れる。
伊丹潤ミュージアム	在日コリアンである建築家・伊丹潤の仕事を紹介。入場料にお茶代が含まれている。済州島にある。
ソウル市立美術館	とにかく企画展の内容が毎回良い。石造りの歩道など、美術館のまわりの洋風な街並みも素敵で散歩にもおすすめ。
文化駅ソウル284	日本統治時代に作られた旧ソウル駅（東京駅とそっくり）。ジャンルを超えた文化施設でありアートも熱い。
ロッテミュージアム	今どきなポップなアートと出合える企画展を行う。デパートの中にあり、ショッピングの最中に寄るのもいい。
国立現代美術館 ソウル館	大規模な展示は見応えあり。アートソンジェ、ボアン、現代など周囲にギャラリーが多いのでハシゴしたい。

KOREAN ART TODAY
世界が注目！韓国のアート

光州ビエンナーレ

韓国の民主化に大きな影響を与えた地・光州で、1995年から2年に1度開催されているアジアを代表する国際展。世界中のアーティストが、この地の歴史を踏まえたうえで表現するアートは、私たちに自由や平和が何かを問う。2025年に15回目が開催予定。

釜山ビエンナーレ

韓国第二の都市・釜山で2002年からスタート。2024年秋に12回目が開かれる。世界と韓国を繋いできた港湾都市のパワーを感じられる国際展。1981年に韓国の若いアーティストたちが自主的に始めた釜山青年ビエンナーレを前身としている。

Kiaf SEOUL

2002年から毎年開催されている韓国初の国際アートフェア。韓国各地のギャラリーが集まり、国内のアーティストを世界に向けて紹介する。近年は日本を含めアジアのギャラリーの参加も多く、グローバルな広がりを見せている。

Frieze Seoul

ロンドン、ニューヨーク、ロサンゼルスで開催されてきた国際的なアートフェア「Frieze」が、2022年にアジアで初めてソウルで開かれた。それから毎年、Kiaf SEOULと同時開催している。世界の有名ギャラリーが参加。韓国芸能人も多く来場し、その影響もあってか若者もたくさん観に来る。盛り上がりを魅せる韓国のアートシーンを体感できる。

韓国アートの巨匠たち

キム・ファンギ　1913-1974

韓国の抽象画の先駆者。細かな点や線で表現された巨大な絵画は、どこまでも広がる大海原や一面の星空を見ているかのような迫力。日本大学で学んだ後、ソウル大学、弘益大学で教鞭をとり、ヨーロッパでも活躍。50歳以降はニューヨークで活動。東洋人として、朝鮮出身者として、外国でアーティストとして生きるとはどういうことなのか、作品を通して問うた作家でもある。

イ・ジュンソプ　1916-1956

武蔵野美術大学、文化学院で学び、日本人の妻と出会う。朝鮮戦争勃発後は極度の貧困から妻子を日本へ帰す。妻や子どもたちへ贈った手紙は200通を超え、添えられたイラストや言葉たちは今もなお多くの者に愛されている。41歳という若さでひとり孤独に亡くなる。没後再評価され、現在は国民的画家（※）として認識されている。

チャン・ウクジン　1917-1990

家や人、木、鳥など日常の中にある素朴なモチーフを、まるで子どもが描いたかのように、単純ながらも大胆に描く。自身の内面世界を素直に表現する作風から「童心の画家」と呼ばれる。武蔵野美術大学を卒業。海外の展覧会にも積極的に参加。ソウル大学でも教えた。

※イ・ジュンソプが繰り返し描いたモチーフである牛は、日本の植民地下の朝鮮において「独立をなんとしてでも成し遂げる」という意思の象徴だった。牛は自分の仕事を最後まで黙々と執行する動物というイメージがある。

RECOMMENDED HISTORY MUSEUMS
博物館へ行こう！

国立中央博物館

世界でも有数の規模を誇り、朝鮮のみならずアジア文化まで網羅する。国宝の仏像2体のためだけに作られた小部屋は必見。ボーイズグループ・BTSの映像コンテンツのロケ地としても有名。広場はライトアップされる夜に見るのがおすすめ。入場料は無料。子ども用の博物館もある。

戦争と女性の人権博物館

今も世界中で絶えない戦争。そこで生まれ続ける女性への性暴力に、過去の歴史を学びながら向き合い考える博物館。歴史的資料と共に、日本軍「慰安婦」サバイバーひとりひとりの声を記録し後世に伝える。92年から現在まで続く「水曜デモ」についても紹介。予約制。

植民地歴史博物館

日本が朝鮮半島を植民地としていた時代にどんなことが行われていたのか知ることができるだけでなく、その前後の歴史を含め紹介する。日本ではなかなか見ることができない貴重な資料や証言も展示。日本、韓国、世界中の有志たちの寄付によって作られた私立博物館。

戦争記念館

ベトナム戦争を含め朝鮮に関わりのある現代までの戦争史について紹介しているが、大部分を締めるのは朝鮮戦争について。同じ民族を分け、現在も終わっていないこの戦争について映像やジオラマなどを交えながら伝える。日本語のテキストガイドも多いので安心。

その他にも

国立ハングル博物館	ハングルの歴史や仕組みを工夫溢れる展示で紹介。ハングルが読めなくても十分楽しめる。日本語ツアーあり。
国立民俗博物館	韓国の人々の生活や文化を膨大な所蔵品とともに紹介。設立には浅川巧、柳宗悦などが尽力。日本語ツアーあり。
国立古宮博物館	朝鮮王室の歴史と文化を知ることができる。時代劇系韓国ドラマが好きな人は景福宮を観光するついでに是非。
西大門刑務所歴史館	日本が朝鮮半島を植民地としていた時代に、独立を求め闘った運動家などが投獄されていた刑務所の歴史を紹介。
国立民俗博物館坡州	博物館や美術館に展示する遺物を見せながら保管する倉庫のような博物館。坡州（パジュ）へ観光の際は是非。
韓国移民史博物館	ハワイやアメリカ大陸、日本などへ移民した朝鮮の人々の歴史を知ることができる。日本語音声ガイドあり。

※入場料無料の博物館が多いので、調べて行ってみてほしい。

MEET KOREAN CULTURE IN JAPAN
日本にいながらコリアンカルチャーに出合える場所

　東京の新大保、大阪の鶴橋、山口の下関、神奈川の横浜や川崎など、日本には多くの**コリアンタウン**がある。韓国語が飛び交う活気のある街の雰囲気を感じながら、食をはじめとした色々なコリアンカルチャーに触れることができる。

　本の街として知られる東京・神保町には、韓国書籍を専門に扱う本屋**チェッコリ**がある。日本語に翻訳された韓国の本だけでなく、韓国から取り寄せた書籍も置いている。小説、詩集、エッセイ、漫画、料理本、絵本、韓国語学習本など、ジャンルは様々。ここでは韓国関連のカルチャートークイベントをほぼ毎週のように開催している。オンライン配信も充実しているので、どこからでも参加することができる。

　毎年秋に開催されている**K-BOOK フェスティバル**（神保町）には、韓国書籍を担当する編集者や翻訳家などが集まる。彼らから直接話を聞きながら購入できるのはもちろん、韓国から著者を招いてのトークイベントや韓国雑貨や韓国食品の販売なども行われ、非常に盛り上がる。世界中から本好きが集う**TOKYO ART BOOK FAIR**にも、近年は韓国からの参加が多い。

　東京・目白にある**ブックギャラリーポポタム**では、韓国のイラストレーターや画家の展示がよく行われている。

　新大久保にある**高麗博物館**は毎回工夫した切り口で、コリアンと日本との歴史を見つめる展示を開催。「市民が作る博物館」を謳っているとても小さな博物館だが、熱量がものすごく、毎回学びが多い。

　私が多くの人にぜひ訪れてほしいと願うのは、京都・宇治市にある**ウトロ平和祈念館**だ。在日コリアン集落であるウトロ地区へ足を運び、この地で人々が生きてきた歴史を学び、差別について向き合い考える場所である。

　東京・南麻布にある**在日韓人歴史資料館**でも、在日コリアンの歩み、苦難、そして彼らの日本社会での活躍などを様々な資料を通して知ることができる。

THINKING ABOUT THE BORDER

国境を見にいった

　朝鮮半島を韓国と北朝鮮に二分することとなった朝鮮戦争。1950 年から 3 年間続いたこの戦争は、未だ終わっておらず「休戦中」だ。

　北緯 38 度に引かれた南北軍事分界線は事実上の国境となっている。その分界線から韓国と北朝鮮の南北 2km ずつの地域を非武装地帯（DMZ）という。韓国側の警備にあたる多くは、貴重な青春を捧げている兵役中の青年たちだ。ここは、数多くの地雷が埋められている危険な地域であると同時に、70 年以上に渡り人の手が入っていない、世界でも稀に見る自然や野生動物の宝庫でもある。

　韓国で行われている DMZ ツアーは、普段は立ち入りを制限されている非武装地帯を訪れることができる観光ツアーだ。北朝鮮を望める展望台や、南北会談が行われてきた板門店（JSA）、北朝鮮が掘った韓国へと繋がるトンネルなどを見ることができる。日本語ガイドツアーもあり、わかりやすい説明を聞きながら、朝鮮戦争の歴史と今を知ることができる。

　ツアーに参加して、望遠鏡の向こうに北朝鮮の人々の姿を見たことも印象に残ったが、それよりも非武装地帯で暮らす韓国の人々の生活についての話を聞いたことや、若い韓国の軍人たちが働く様子を間近で見たことのほうが、私にとっては衝撃だった。

DMZ ツアーは様々な旅行会社が行っており、ホームページでの予約はもちろん、ホテルのロビーなどでも申し込むことができる（時期によって、訪れることのできない場所もある）。

　DMZ ツアーに行かずとも、私が朝鮮半島の分断を感じたのは、韓国の西のいちばん上にある坡州（パジュ）へ遊びに行ったときだった。

　北朝鮮と接している坡州は、文化的な都市として有名だ。アーティストが集まる「ヘイリ芸術村」には、ギャラリーやアーティスト・イン・レジデンスの施設があり、小さな美術館やおしゃれなカフェもたくさんある。「出版都市」としても知られており、出版社や製本所、印刷所が多く、レタリングを学ぶ専門の学校もある。「国立民族博物館坡州」「ミメシスアートミュージアム」などの施設も見る価値がある。

　ソウルから坡州へは、バスで 1 時間もかからない。車窓からは海が見え、海面がきらきらとひかる。車道と海の間には有刺鉄線が張り巡らされていて、「ああ、そうか。この向こうにあるのは違う国なのか」と実感した。

　日本に暮らす私たちにとっても決して無関係ではない、今も続く様々な問題を考える時間となった。

JEJU ISLAND DIARY

済州島の旅

韓国のハワイとも呼ばれる済州島。
夏の休みに友人と旅をした。

大きな台風が来ていたが、運よく飛行機は飛んだ。
雲の上は驚くほど静かで明るい。

陽光が雲の隙間から降り注ぎ、海は柔らかなオレンジ色に染まり、
雲の形をした影が海面にはっきりと写り、小さな島のように見えた。

AFTER THE TYPHOON

3日連続で通ったカフェの隣は、
　　　　可愛らしいハルモニが営む花屋。

店の前にイーゼルを立てて絵を描き始める、常連の客。

夜市の帰りに
フラッと入ったミュージックバー。

そこの店員の女の子が
教えてくれた音楽を
私はギターで弾けるようになった。

156

イ・ジュンソプや伊丹潤の美術館へ行ったり、
海で泳いでみたり、散歩したり。

157

ずっと行きたかった、済州 4.3 平和公園へ。
　　　同じ形をした墓石に、ひとつひとつ違う名前が刻まれている。
風が通り抜け、木々が揺れる音しかここでは聞こえない。

フェリーに乗って加波島へ。
小さな島で、自転車で一周するのに３０分もかからない。

特にやることもなくて、アイスを２度も食べた。

EMMA'S SNAP SHOT DIARY
留学中のあれこれ

よく通った店や、お気に入りの店。
様々な記念日や、足を伸ばして訪れた場所のこと。

季節の食材を使ったシンプルで
ありながら手の込んだ焼き菓子
やパフェ。アイスが特に絶品で
新作が出るたびに足を運んだ。
카페 마 (MAA.)

お肉やお魚、パスタからデザー
トまで見た目も味も素敵な料理
たち。店内もおしゃれで今どき
のソウルが感じられる。
데케드 (dekad)

緑茶や中国茶など様々なお茶
と、うっとりするような美しい
デザートがいただける。器もか
わいい。 토오베 (TOVE)

ちょっと甘いものが食べたいと
きによく立ち寄ったアイス屋さ
ん。素材の持つ味を感じられ、
素朴で滑らか。 콜드레시피
（COLD RECIPE）

マドレーヌ専門店。紫蘇やジャ
ガイモといった変わり種や、鮮
やかなローズ＆ライチなど。お
土産にも◎ 르솔레이
（LE SOLEIL）

珈琲は勿論、ほうじ茶ラテ、コー
ヒーゼリー、プリンなどほっと
一息できるメニューも魅力。P48
に掲載。 아메노히커피점
（雨乃乃珈琲店）

チュロス店が続々誕生！この写真
の Bonilla a la vista は廃業した模
様。好きだったのに残念！今度は
미뉴트 빠삐용 (Minute Papillon)
という店に行ってみたい。

私が一瞬だけアルバイトをさせ
ていただいたお店。塩パンが美
味しい！ スタッフの皆さんが
本当に優しかった……泣。
브로트아트 (BrotART)

タコスがブームらしい。豚、牛、
鶏、魚と色々なタコスが選べる。
ワインも飲める。 타코 (tac)

野菜を美味しく食べるコース料理の店。オーナーは日本で料理を学んだ経験がある女性。美しい時間を過ごせる。
양출서울 (yangchulseoul)

左の写真양출서울の姉妹店。ソウルでは珍しくモーニングも提供。野菜のサンド、スープやデザートはまるで宝石のよう。
베지위켄드 (veggie weekend)

日本から来た友人を一番よく連れていった。餃子や茹でた牛肉もスープ含め美味だが、とにかく青唐辛子の肉詰めが最高！
안덕 (アンドク)

ソウルの若者はとにかくピザが好き。ここは雰囲気もお洒落で美味しい！ 立地含め、今ドキ気分を味わえる。
파이프그라운드 (pipe ground)

パンがモチモチ。海苔やマンゴーなど季節で異なるバターが付く。イカ墨パスタ、バイロールなどどれも美味！ 심플리스트 (II SMPLST)

友人に薦められて済州島で行ったコース料理の店。ぐるっとカウンター席になっている。店員さんが good！ 불특정식당 (不特定食堂)

一番よく行ったカフェ。シンプルでシックな空間が好き。珈琲がちゃんと美味しい。
프로토콜 연희점 （PROTOKOLL 延禧店）

写真家と彫刻家の夫婦が始めた、ヴィンテージ家具が魅力のカフェ。アート業界で働くお姉さんが連れていってくれた。
mk2

鶏料理の店。独創的でどれも美味しくていつも楽しい気分になる。ポテトやサラダも◎。お洒落な時間を過ごしたい時に！
계업식 (GYEUPSIK)

ホテルの中にある秘密の扉を開けると、そこはおしゃれなバーだったのに！ 復活してほしい何度も通った思い出の店。
토끼바 (TOKKI BAR)

カクテルなどを楽しめるレコードバー。日本の曲も色々とかけてくれる。落ち着いた空間で居心地がいい。
바이브드블러바드 (VIBD BLVD)

マッコリバー。サービスでいろんなマッコリを試飲させてくれる。バジルとジャガイモのチヂミがサクサクで美味しい。
7.8 을지로 (7point8seoul)

蓮の葉のおこわが有名な韓国
定食の店。ケランチム（蒸し
た卵の料理）も素朴で美味し
い。味噌の味が◎　北村連잎밥
（Bukchon Lotus Rolled Rice）

石鍋ご飯の韓国定食の店。エ
ゴマの葉の醤油漬けが美味し
くてご飯が進む。焼き魚やチヂ
ミも◎　선동 보리밥（仙洞麦飯）

色彩豊かなナムルを麦ご飯に混
ぜて食べる韓国定食。家庭の
食事って感じでホッとする。チ
ヂミの種類も豊富。
한옥집（韓屋）

お洒落な韓国家庭料理を食べ
たいならここ。甘いタットリタ
ン（鶏肉じゃが）やカンジャン
ケジャンがおすすめ。
수라간（sooragan）

南大門市場には太刀魚横丁が
ある。甘辛い煮つけ（カルチジョ
リム）は必ず食べて！
중앙갈치식당（中央太刀魚食堂）

いちばん好きでよく行った気軽
な食堂。一人前のポッサム定食
がある！　カルグクス（うどん）
も美味しい。
두리반（トゥリバン）

エゴマの実を使ったすいとんは
優しい味。白菜キムチとコチュ
ジャン味噌を混ぜて食べる麦飯
がお供。체부동 수제비와 보리밥
（體府洞すいとんと麦飯）

朝ごはんといったらここ！メ
ニューは干し鱈のスープのみ。
キムチやエビの塩辛で味変しな
がら頂く。무교동북어국집
（武橋洞プゴグッチッ）

牛骨で取ったスープは臭みがな
くあっさり。疲れた時に食べた
くなる清潔な味。
연희동칼국수 본점
（延禧洞カルグクス 本店）

町中華！　雰囲気がとにかく好
き。焼き餃子と酢豚、そしてビー
ル！　最高です。오향만두
（五香餃子）

語学堂の目の前の食堂。テレ
ビを見ながらここで昼食をよく
食べた。石焼ビビンバが◎　お
かずも多い。삼진식당
（サムジン食堂）

ひとりでよく行ったのが、安く
てご飯のおかわりが自由なマー
ラータンの店。具材を自分で選
べる。　신룽푸마라탕
（シンルンプ麻辣湯）

誰もがテンション上がる！ 大胆、豪勢な魚介鍋の店。택이네조개전골というチェーン店も系列同じ。 바다한가득
（パダハンカドゥク）

サムギョプサル（豚焼肉）をセリと一緒に食べる。サクサクのセリのチヂミは必ず食べて！풀뜯는돼지（プルトゥンヌンテジ）

ホルモン（コプチャン）がこんなに美味しいだなんて！ シメのポックンバ（焼き飯）は必ず！신촌황소곱창
（新村黄牛コプチャン）

韓国を訪れるのが初めての人には必ず行ってほしい大きな市場。おばあちゃんたちの活気がすごい！ 광장시장（広蔵市場）

広蔵市場にはユッケ通りがある。タンタンイ（動くテナガダコとユッケ、梨、卵黄を混ぜて食べる）が◎ 부촌육회
（プチョンユッケ）

韓国料理で一番好きなナッコプセ！ たこ、ホルモン、エビが入った辛い鍋。シメはポックンバで。 평화연남
（ピョンファヨンナム）

済州島で入ったクラシックなバー。駐車場にポツンと置かれた赤い電話ボックスが、秘密の扉になっている。 더 부즈 제주
(The Booze Jeju)

済州島に比較的最近できたバーで「日本のお客さんはあなたが初めて」と言われた。伝統酒を呑んだ。 바 머스크
(BAR MUSK)

マッコリ居酒屋。ここの薄いジャガイモのチヂミが本当に好き。お母さんが優しくて可愛い。どの料理も美味しい。 늘마중
（ヌルマジュン）

友達が連れていってくれた若者が多い音楽バー。雰囲気も良かった。週末はカフェ営業もしている。힐즈앤유로파
(HILLS & EUROPA)

日本に住んでいたことがあるという素敵な店員さんとおしゃべりした思い出のバー。伝統酒を使ったカクテルを飲んだ。작（酌 zac）

家族旅行などで弘大に泊まる友人が多く、そんな時に何度か行ったホテルの中にあるバー。L7 홍대 루프탑바 플로팅
(Rooftop Bar Floating)

桜にはあまり関心がなかったけれど、
ソウルで見る桜はいいなと思った。

春。朝6時くらいから友人と漢江を散歩。
陽光が気持ちよくて、人も少なくてよかっ
た。

ドラマ『冬のソナタ』のロケ地でもある
小さな島・南怡島へ。自然豊か。居心地
がよかった。

南東沿岸にある都市・慶州に秋の旅へ。
ピンクミューリーグラス（ススキの一種）
の良い季節だった。

平昌にある大関嶺三養牧場はとにかく広
かった。山頂には風力発電の風車が。羊
もいっぱい見た。

友人たちのロケ地めぐりに、ちょこちょ
こついて行かせてもらった。知らなかっ
たいろんなところへ行けて楽しかった。

終戦の日。韓国では日本からの解放を祝
う日で光復節。独立門には老若男女多
くの人々が集まっていた。

釜山にあるカラフルな甘川文化村。もと
は朝鮮戦争で避難してきた人々が山肌に
密集して暮らしはじめた集落。

4月16日。セウォル号事故の日。多くの生徒が犠牲になった高校の近くまで一人で行く。式典や記録館を見た。

5月18日。光州事件の日に光州へ。式典会場へと続く道には信じられないくらいの数の警官たち。墓地が驚くほど美しかった。

6月6日。殉国者と戦没将兵を追悼する日なので学校は休み。国立ソウル顕忠院へ。先祖の墓の横で飲み食べする様子は花見のよう。

6月13日。BTSの10周年をソウルの街を挙げてお祝い。世界中からいろんな年齢のファンが訪れていて胸が熱くなる。

毎年6月頃に行われるソウル国際ブックフェアへ。憧れの小説家のトークを聞いたり。いつか私の本もここに並ぶといいな〜。

帰国直前にDMZツアーに参加。向こうに見えるのは北朝鮮。

10月30日。梨泰院雑踏事故から一年が経った翌日。事故現場には何度か訪れている。ここを最初に訪れたのは2022年の冬。初めてソウルへ来た日。

釜山市立美術館には李禹煥美術館がある。彼自身が設計を手がけたらしい。シンプルで潔い空間。

梨花女子大学の建築は建築家ドミニク・ペローによるもの。とても美しくて何度も訪れた。夜が特にいい。

ソウルから少し離れたホアム美術館でキム・ファンギの展示を見た。自然豊かでとても開放的な雰囲気の場所。

DDP（東大門デザインプラザ）はデザイン展やアート系のイベントをよく開催している。東京五輪では実現しなかったザハ・ハディドによる建築。

LBDF（写真の図書館）で、写真を使って芝居をするワークショップを見学させてもらっておもしろかった。講師は若手俳優。

おわりに

　留学の日々に出合った色々が、一冊の本になりました。私のような"韓国初心者"がカルチャーについての本を書くなんて、恐れ多いという気持ちが今もまだあるのですが、無知だからこそ感じられたトキメキや学びが詰まった、二度と作ることができない本になったような気がします。

　これからもカルチャーへの好奇心を通して、お互いの国を、そこに暮らす人のことを、知りたいと思えるような世界が続くことを願っています。

　最後に。

　いつも私の心を守り、支え、応援してくれる家族、マネージャーさん、大切な人たち。惜しみなく知識や経験を分け与え、手を差し伸べてくれた友人、先輩方。一緒に楽しい時間を過ごし、時に助けてくれた韓国で出会った人たち。この本を一緒に作ってくれた人たち。そして、これまで韓国と日本を繋ぐことに尽力されてきた人々に、心から感謝しています。

前田エマ

参考文献

『完全版 韓国・フェミニズム・日本』斎藤真理子（著）／河出書房新社
『韓国文学の中心にあるもの』斎藤真理子（著）／イースト・プレス
『尹東柱詩集 空と風と星と詩』尹 東柱（著）金 時鐘（翻訳）／岩波書店
『茨木のり子 自分の感受性くらい』別冊太陽編集部／平凡社
『ハングルへの旅〈新装版〉』茨木のり子（著）／朝日新聞出版
『一本の茎の上に』茨木のり子（著）／筑摩書房
『韓国文学を旅する60章』波田野節子（著）斎藤真理子（著）きむ ふな（著）／明石書店
『世宗、ハングルで世の中を変える：ハングル創製の物語』キム・スロン（著）架け橋人の会（翻訳）／クオン
『BRUTUS（ブルータス）』2023年1月15日号 No.976／マガジンハウス
『韓国 美・味 案内』崔 智恩（著）／アノニマ・スタジオ
『POPEYE（ポパイ）』2023年7月号／マガジンハウス
『ユリイカ』2018年11月号／青土社
『OUT OF SIGHT!!!』Vol.2／ANTENNA
『NHKラジオ ステップアップハングル講座』2022年2月号／NHK出版
『目の眩んだ者たちの国家』キム・エラン（著）パク・ミンギュ（著）ファン・ジョンウン（著）
キム・ヨンス（著）矢島暁子（翻訳）／新泉社
『現地発 韓国映画・ドラマのなぜ？』成川 彩（著）／筑摩書房
『韓国 現地からの報告』伊東順子（著）／筑摩書房
『韓国カルチャー 隣人の素顔と現在』伊東順子（著）／集英社
『続・韓国カルチャー 描かれた「歴史」と社会の変化』伊東順子（著）／集英社
『韓国現代詩選〈新版〉』茨木のり子（編集・翻訳）／亜紀書房
『隣の国のことばですもの ──茨木のり子と韓国』金 智英（著）筑摩書房
ウェブサイト：聯合ニュース 2020-12-29 15:27 한글 발전에 절대적 역할한 조선 여성들
https://m.yna.co.kr/view/AKR20201229121800005
ウェブサイト：日本人が知らない現代韓国に根づく「ある文化」辻野裕紀 東洋経済ONLINE
2022/10/22 12:00:00 https://toyokeizai.net/articles/-/625588?display=b

MAP

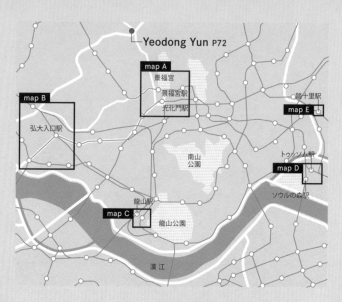

Yeodong Yun P72

map A
景福宮
景福宮駅
光化門駅

map B
弘大入口駅

路十里駅

map E

トゥッソム駅

map D

南山
公園

龍山駅

ソウルの森駅

map C

龍山公園

漢江

map A

日常餘百 P64

ソチョンカラク P32

トンインソジュバン P36

Shop herere P68

国立民俗
博物館

NONFICTION 三清 P92

アウォン工房 P52

国立現代
美術館

on6.5 P28

ギュバンドガム P16

景福宮

紫霞門路

孝子路

三清路

国立古宮
博物館

景福宮駅

地下鉄3号線

ソウル庁舎

大韓民国
歴史博物館

光化門
広場

世宗文化会館

光化門駅

慶熙宮

ソウル歴史
博物館

セムナン路　地下鉄5号線

ソウル歴史
博物館

CONFERENCE HOUSE
DALGAEBI P24

西大門駅

徳寿宮

市庁駅

粟谷路

安国駅

雲峴宮

三一大路

張紙房 P20

郵征局路

仁寺洞キル

鐘路3街駅

アルムダウン
茶博物館 P44

鐘路

鐘閣駅

地下鉄1号線

世宗大路

乙支路入口駅

地下鉄2号線

●モレネ極楽 P116

水色路

加佐駅

クンドン公園

GEULWOLL P84—●

延禧路

1994 SEOUL P40
—OJACRAFT P76 スターバックスコーヒー●
サユジプ P60

城山路

ダイソー●

城山路

京義・中央線

ソンミ山

ホステルクレオ ●

京義・中央線

交番●

Hairy Birdbox P80 —●

ワールドカップ北路

ロッテリア●

弘大入口駅

弘大入口駅
地下鉄2号線

望遠駅

アマンティホテルソウル●

麻浦観光情報センター

東橋路

弘大入口駅

ロッテリア●

雨乃日珈琲店 P48

チャンダリ路

揚花路

●弘大入口観光案内所

益善路

臥牛山路

弘門館●

臥牛山公園

メセナポリス
モール●

弘益大学

合井駅

playground tattoo P96

揚花路6ギル

上水駅

地下鉄6号線

広興倉駅

map C

地下鉄1号線
京義・中央線
龍山駅

京仁大路
地下鉄4号線

新龍山駅

Gallery LVS—
SINYONGSAN P56

トゥッソム駅

水仁・盆唐線

スターバックスコーヒー●

峨嵯山路
地下鉄2号線

京一高

ソウルの森駅

京一中 慶東小

POINT OF VIEW P88

●香美堂 P12

踏十里
ゴールデンタワー
踏十里古美術通り

地下鉄5号線

踏十里駅

前田エマ　まえだ・えま

1992 年生まれ、神奈川県出身。東京造形大学在学中にオーストリア ウィーン芸術アカデミーへ留学。モデル、エッセイ、写真、ペインティング、ラジオパーソナリティなど幅広く活動。アート、本、映画、ファッションにまつわるエッセイを雑誌や WEB に寄稿。連載も多数。2022 年、初の小説集『動物になる日』（ミシマ社）を上梓。2023 年 3 月から半年間、ソウルの延世大学校 韓国語学堂で学ぶ。

©Emma Maeda
SAN-EI CORPORATION
PRINTED IN JAPAN 図書印刷株式会社
ISBN 978-4-7796-5033-8

アニョハセヨ韓国

2024 年 6 月 30 日　初版 第 1 刷発行

著者	前田エマ
発行人	鈴木賢志
発行元	株式会社三栄
	〒163-1126　東京都新宿区西新宿 6 - 22 - 1　新宿スクエアタワー 26 F
	受注センター TEL 048-988-6011　FAX 048-988-7651
発行	販売部 TEL 03-6773-5250
印刷製本所	図書印刷株式会社

企画・編集・構成	松本昇子
写真	長田果純
	herere seramics（p70-71）
	POINT OF VIEW（p88-92）
	キム・スヨン（p110-115）
	前田エマ（p128、152-160）
コーディネート	崔 智恩（チェ・ジウン）
	二俣愛子
デザイン	竹田美織
イラスト	ユンボム
ハングル校正	STUDIO KOREAN
地図	マップデザイン研究所
編集	水谷素子

PROPAGANDA アトリエ訪問（p128-131）
初出：ARToVILLA「前田エマの "アンニョン" 韓国アート」2023 年 5 月 19 日